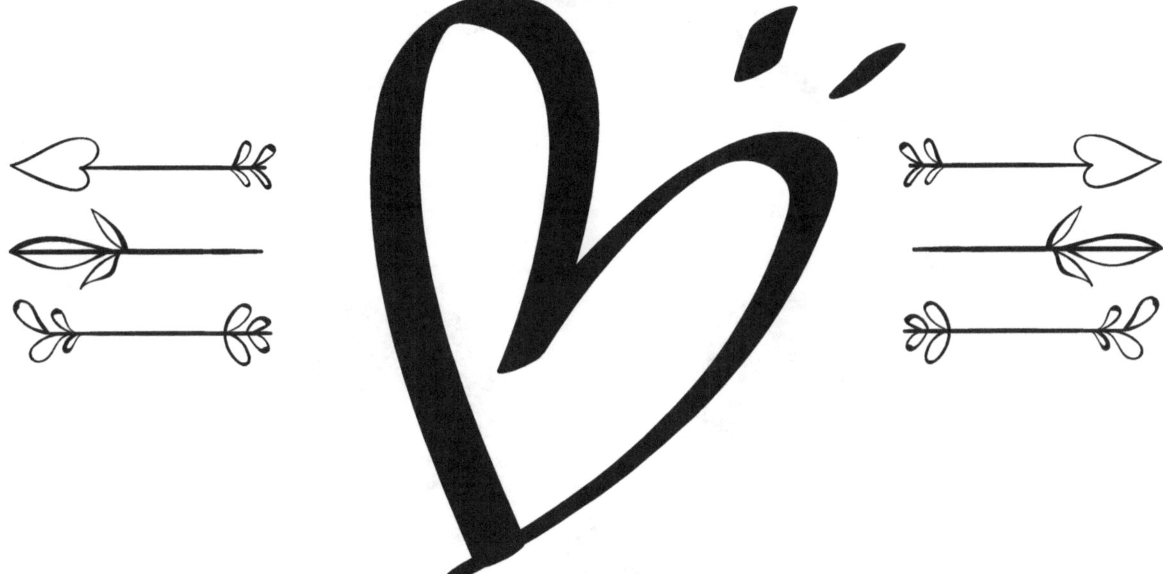

Ce Livre

Appartient à

CITROUILLE LIVRE DE COLORIAGE

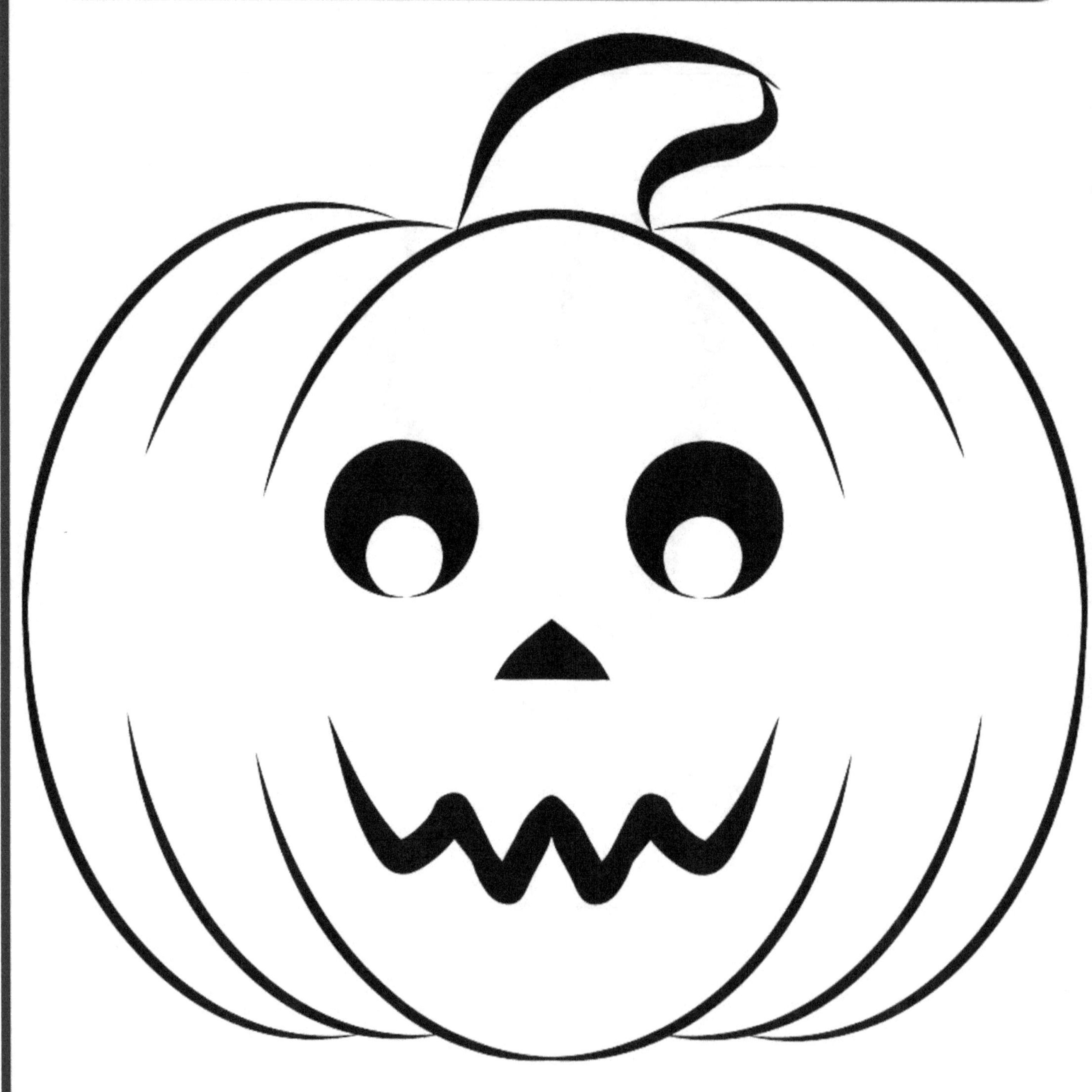

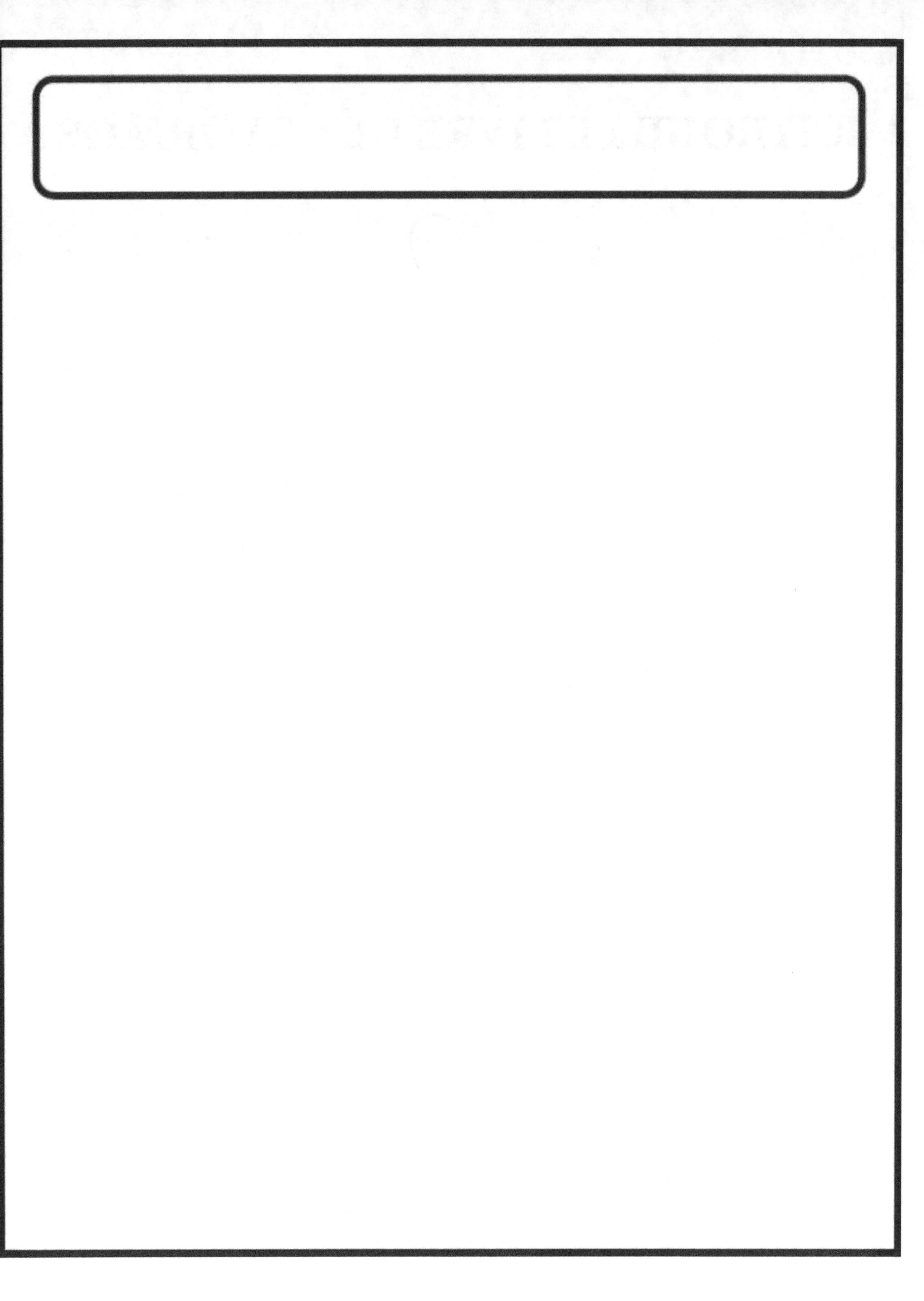

CITROUILLE LIVRE DE COLORIAGE

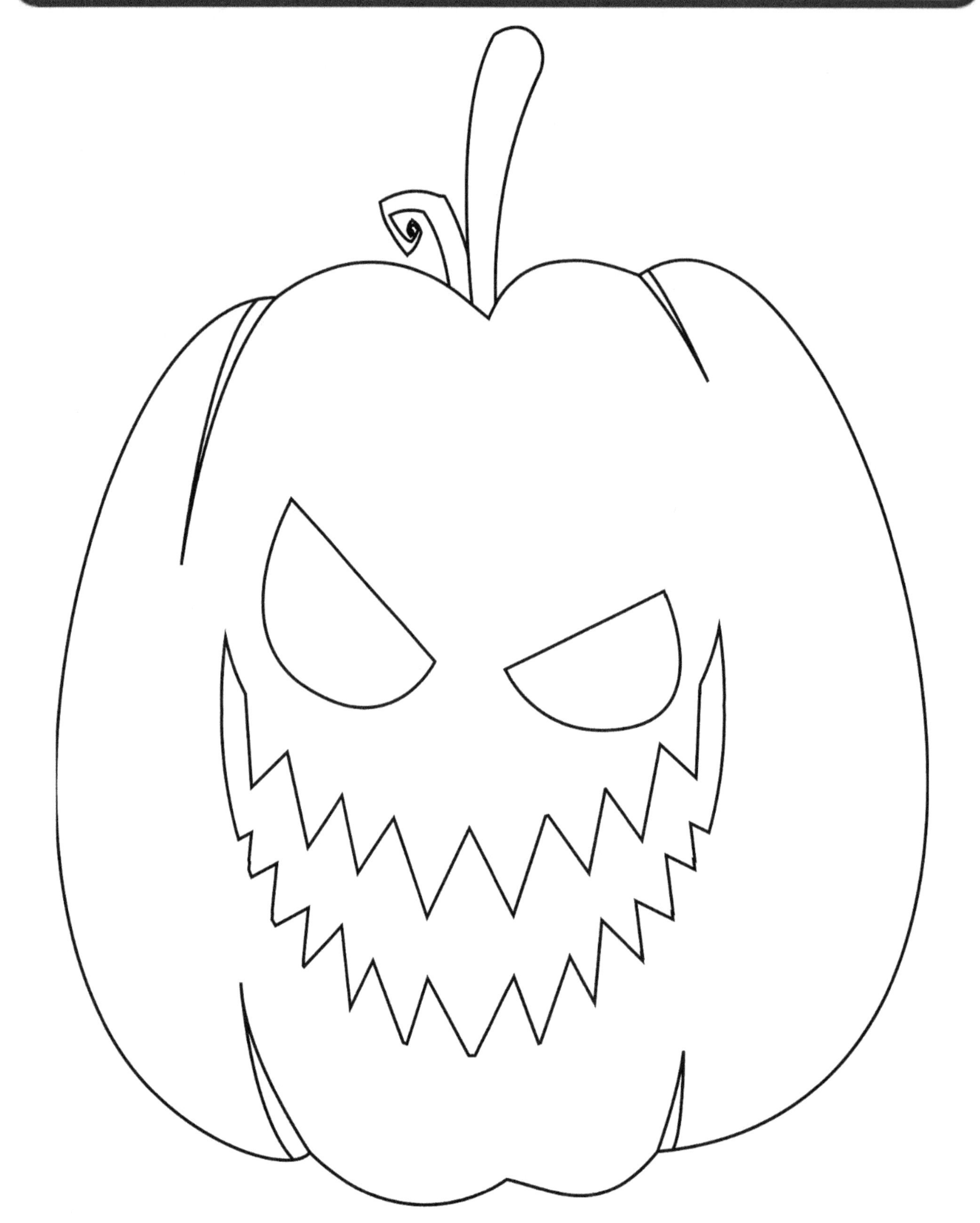

CITROUILLE LIVRE DE COLORIAGE

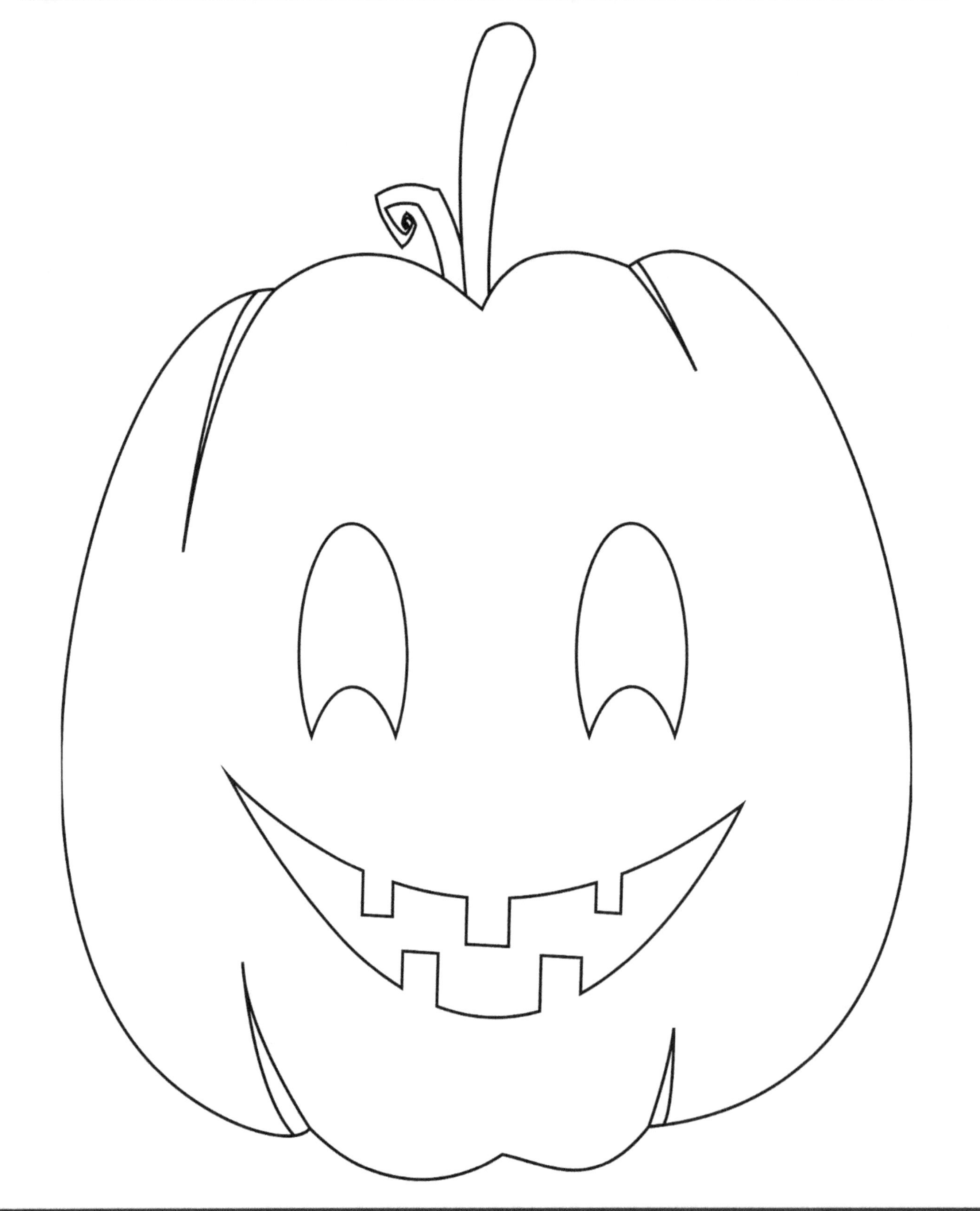

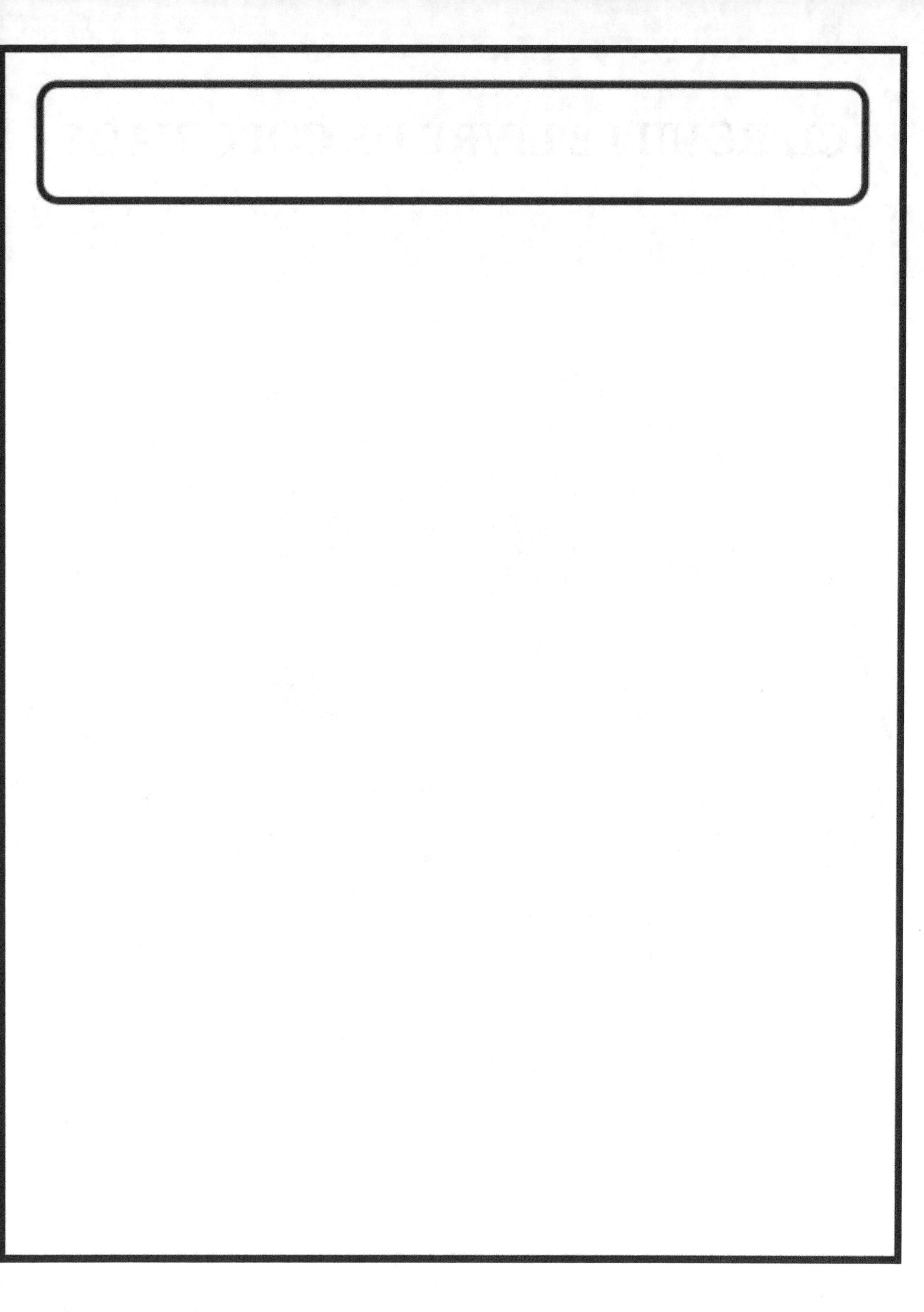

CITROUILLE LIVRE DE COLORIAGE

CITROUILLE LIVRE DE COLORIAGE

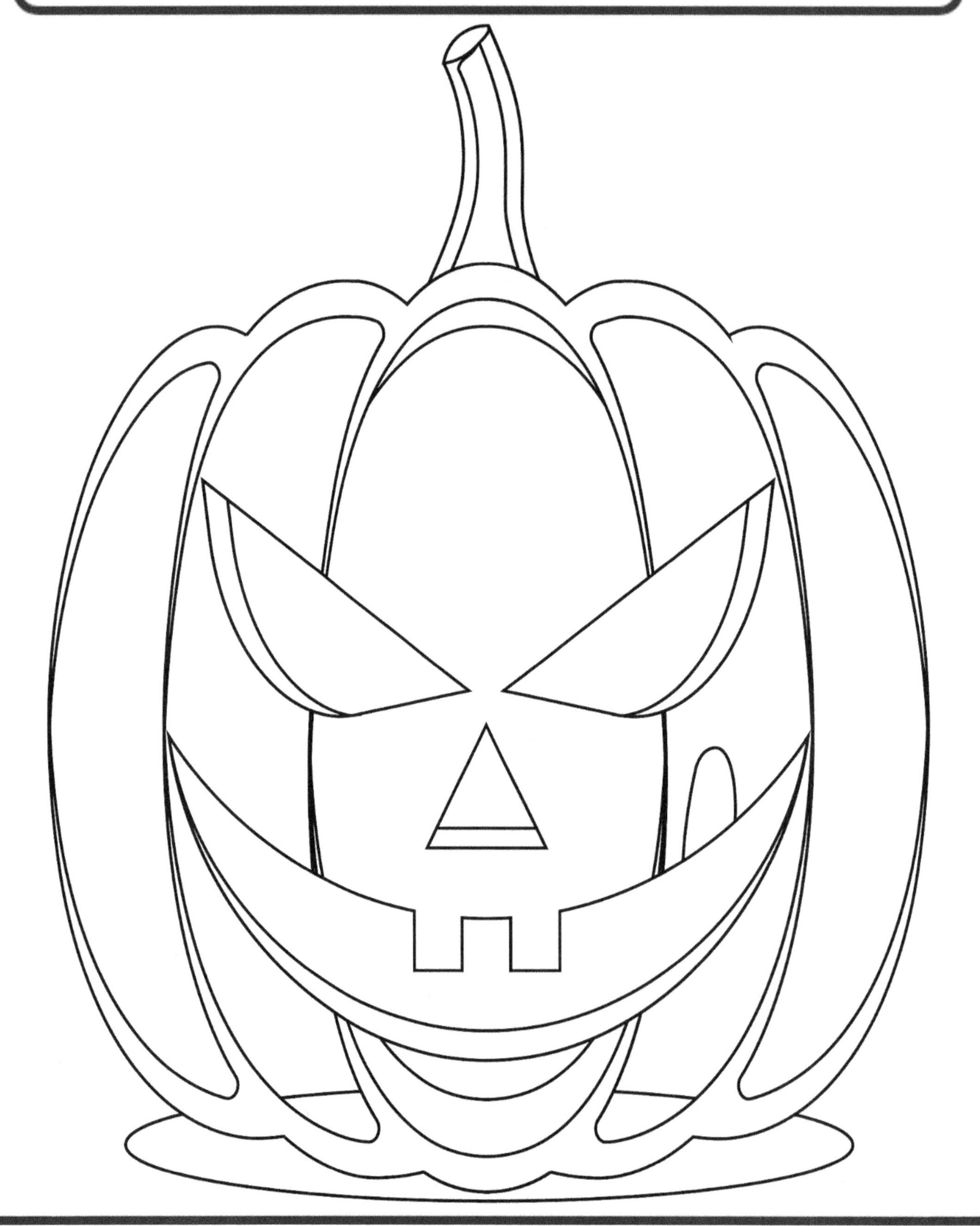

CITROUILLE LIVRE DE COLORIAGE

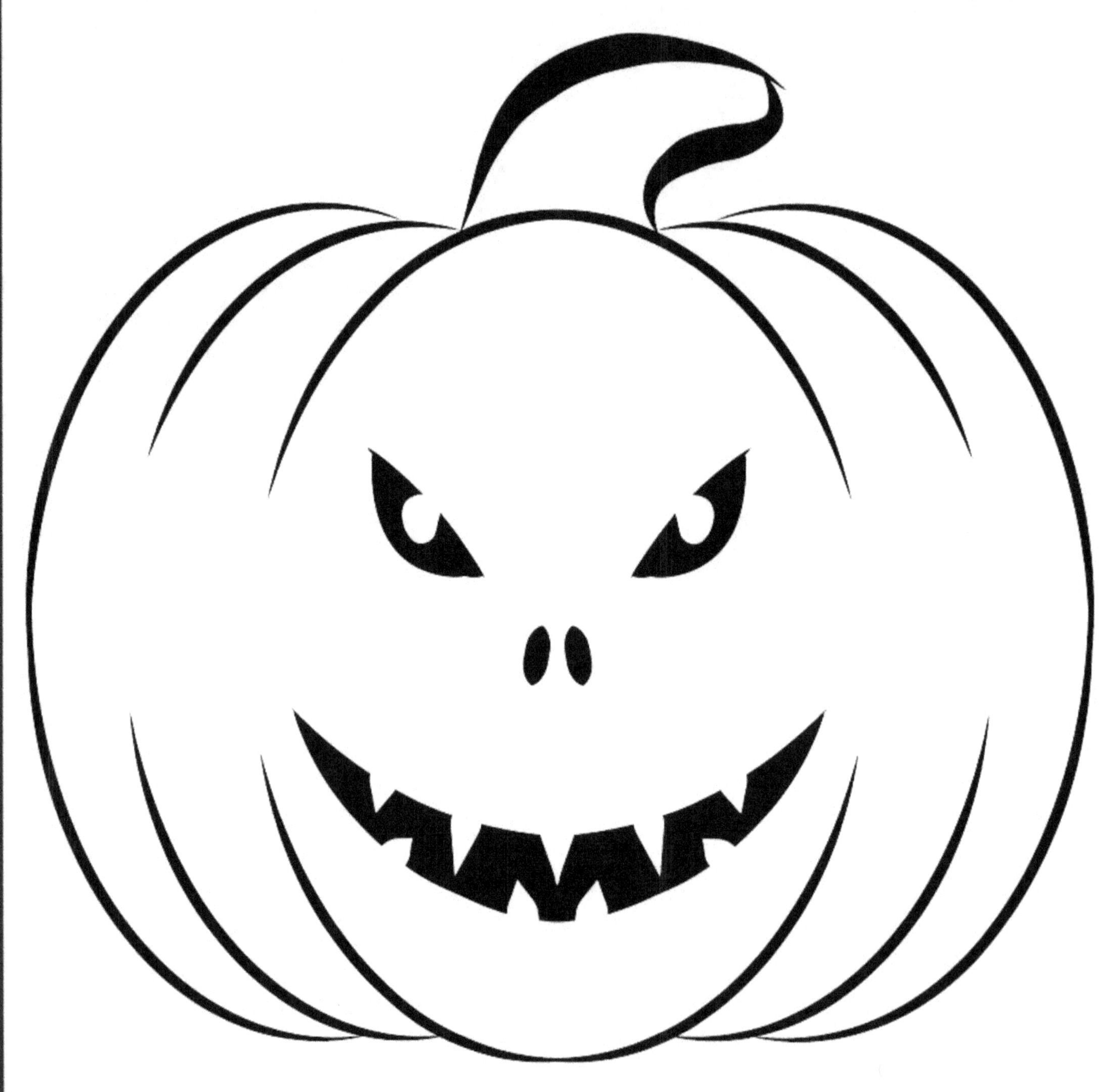

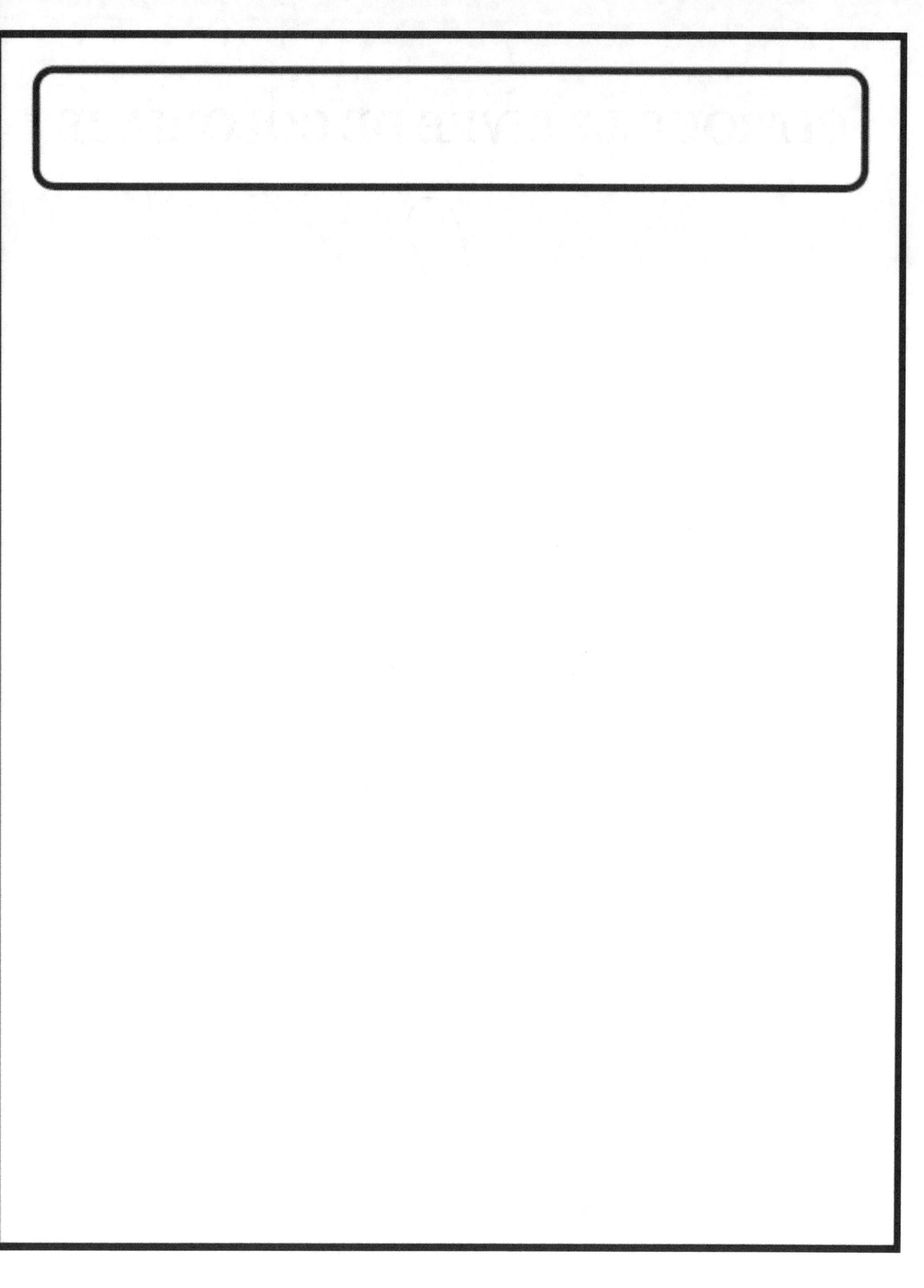

CITROUILLE LIVRE DE COLORIAGE

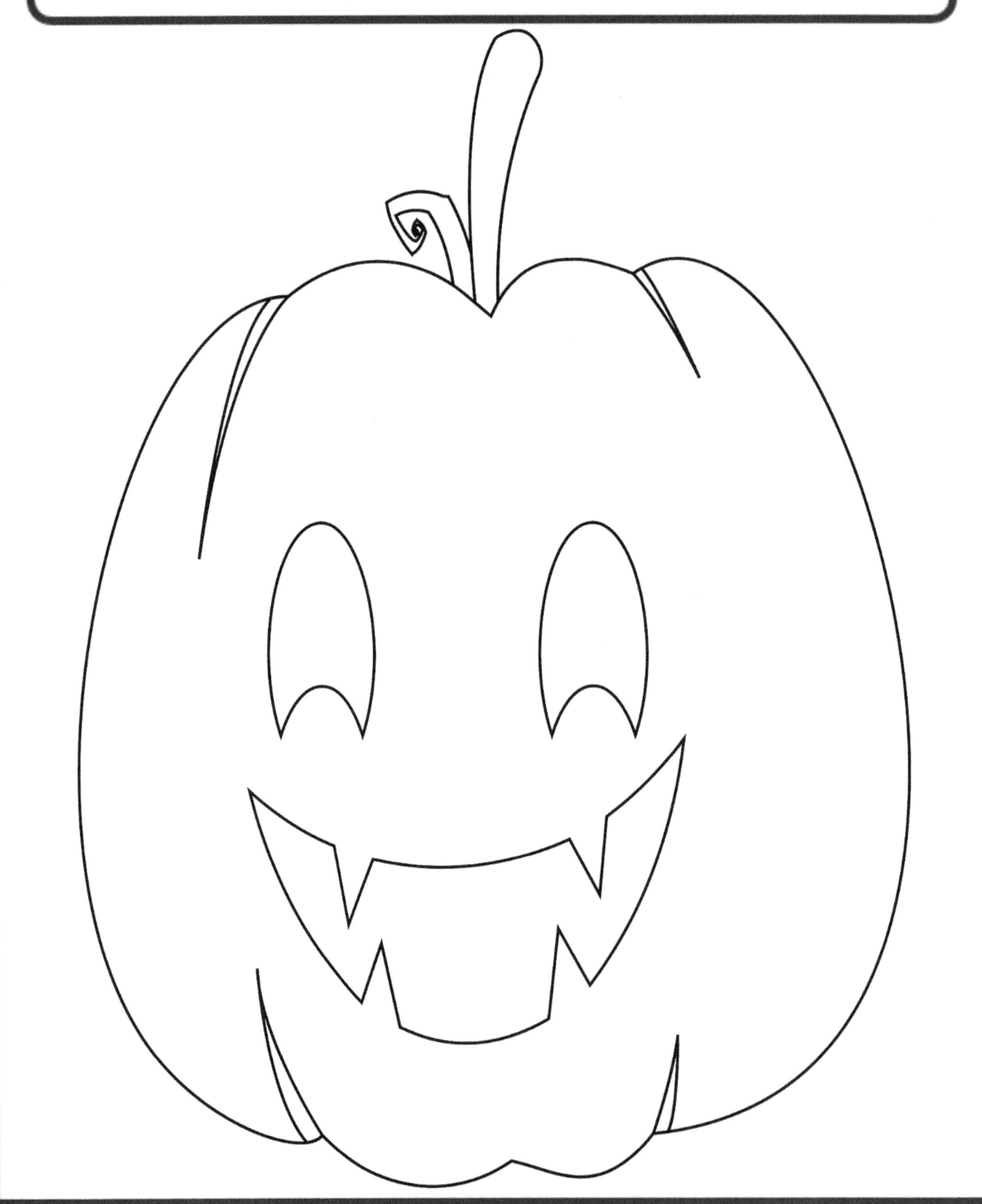

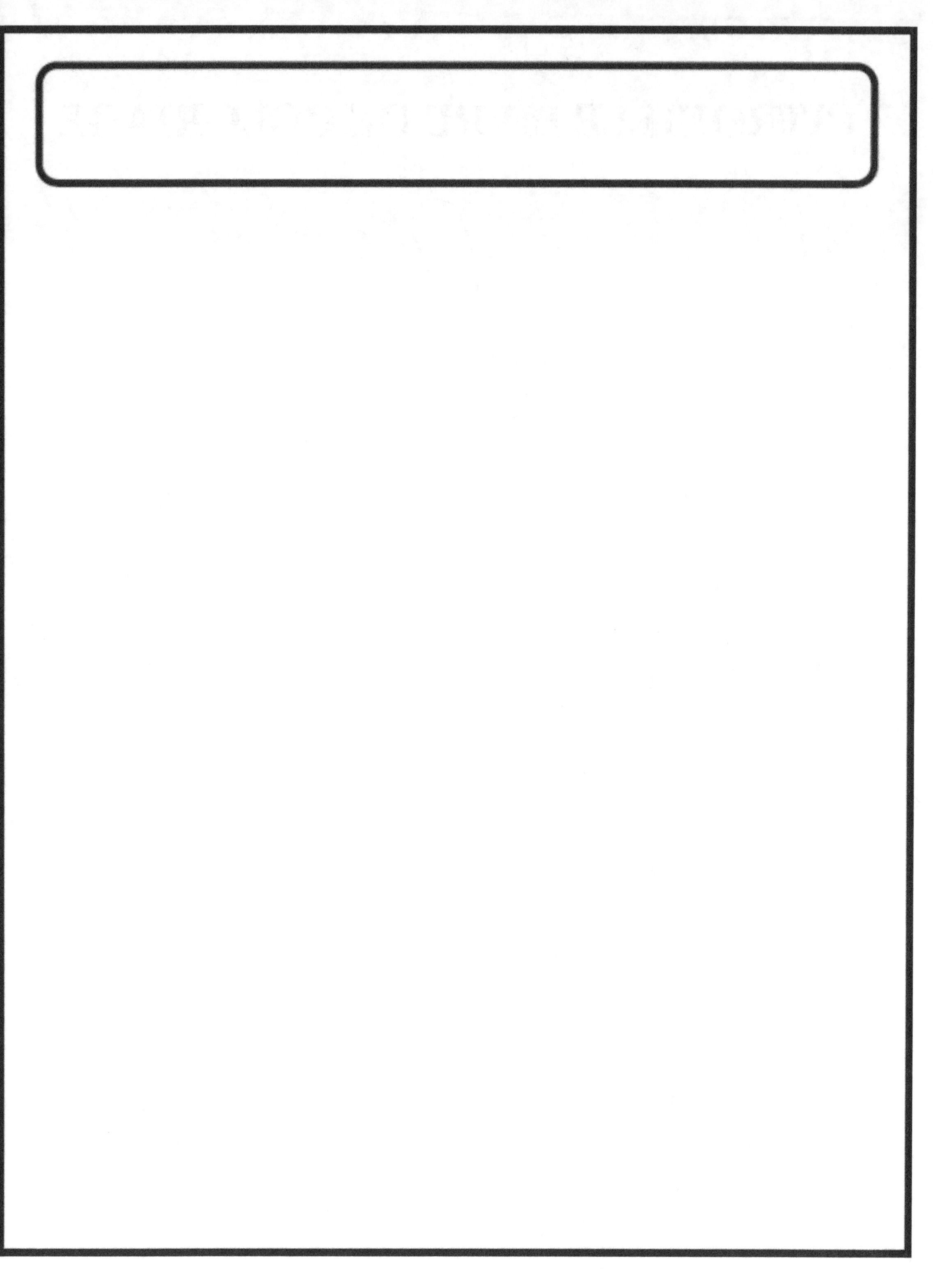

CITROUILLE LIVRE DE COLORIAGE

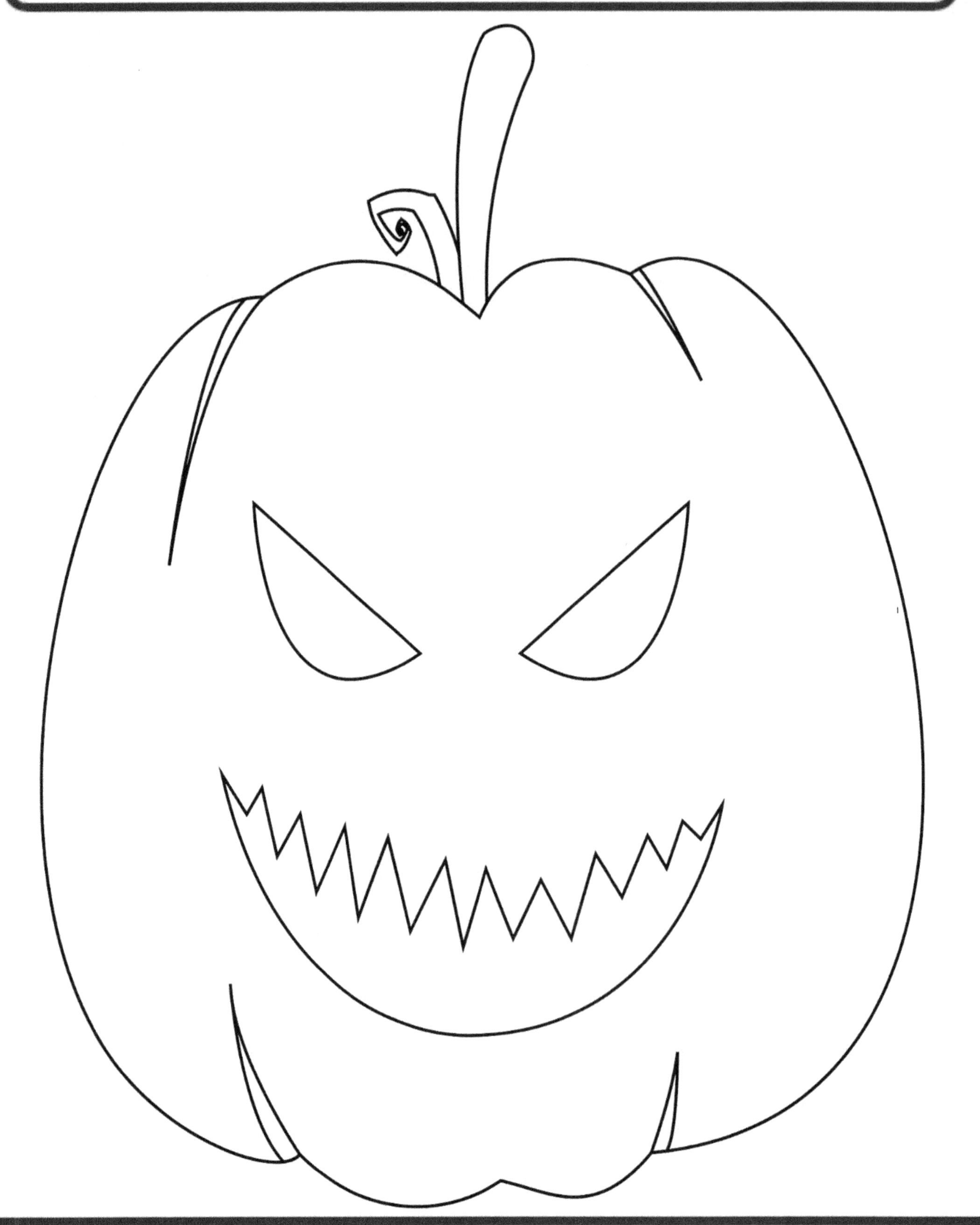

CITROUILLE LIVRE DE COLORIAGE

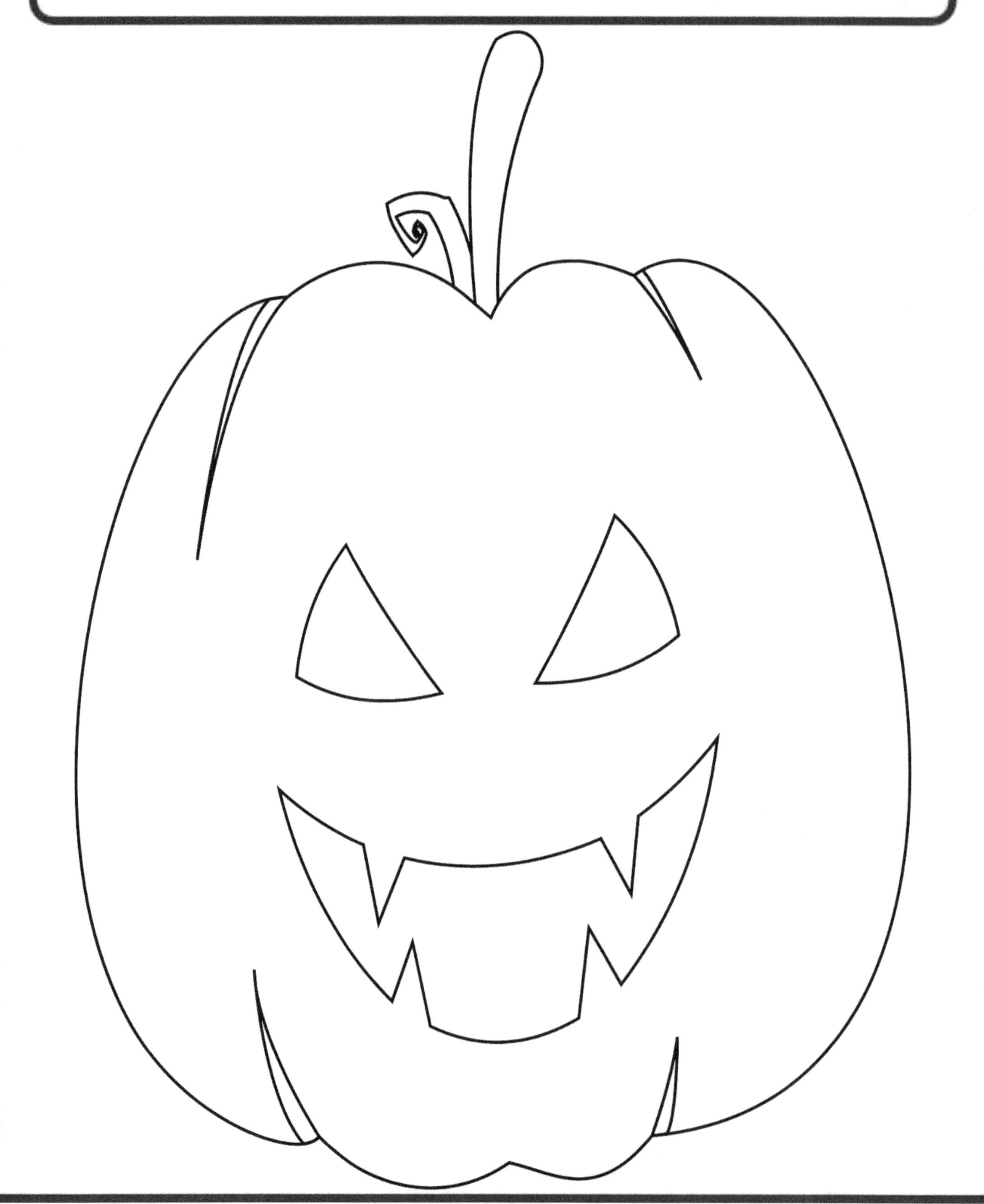

CITROUILLE LIVRE DE COLORIAGE

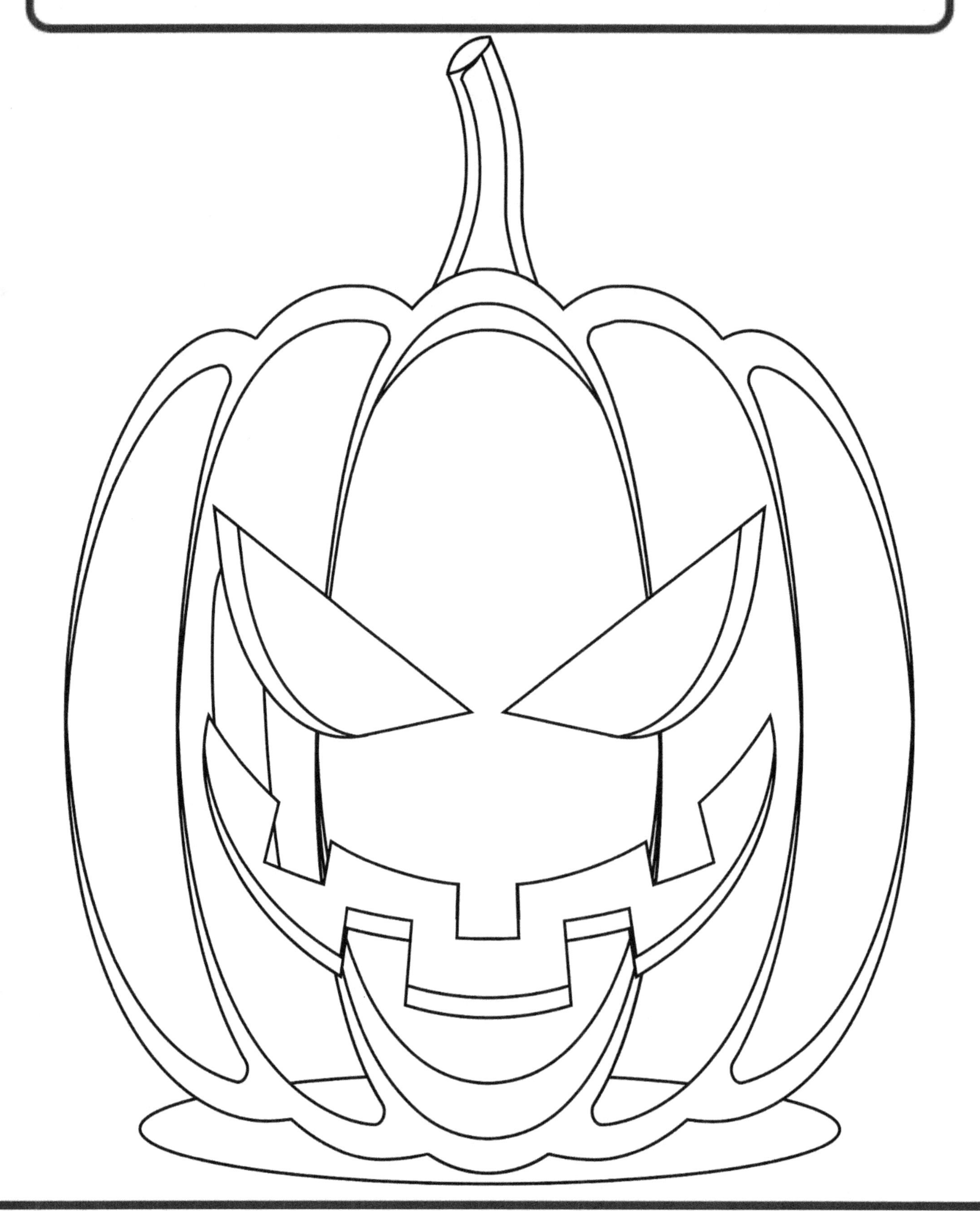

CITROUILLE LIVRE DE COLORIAGE

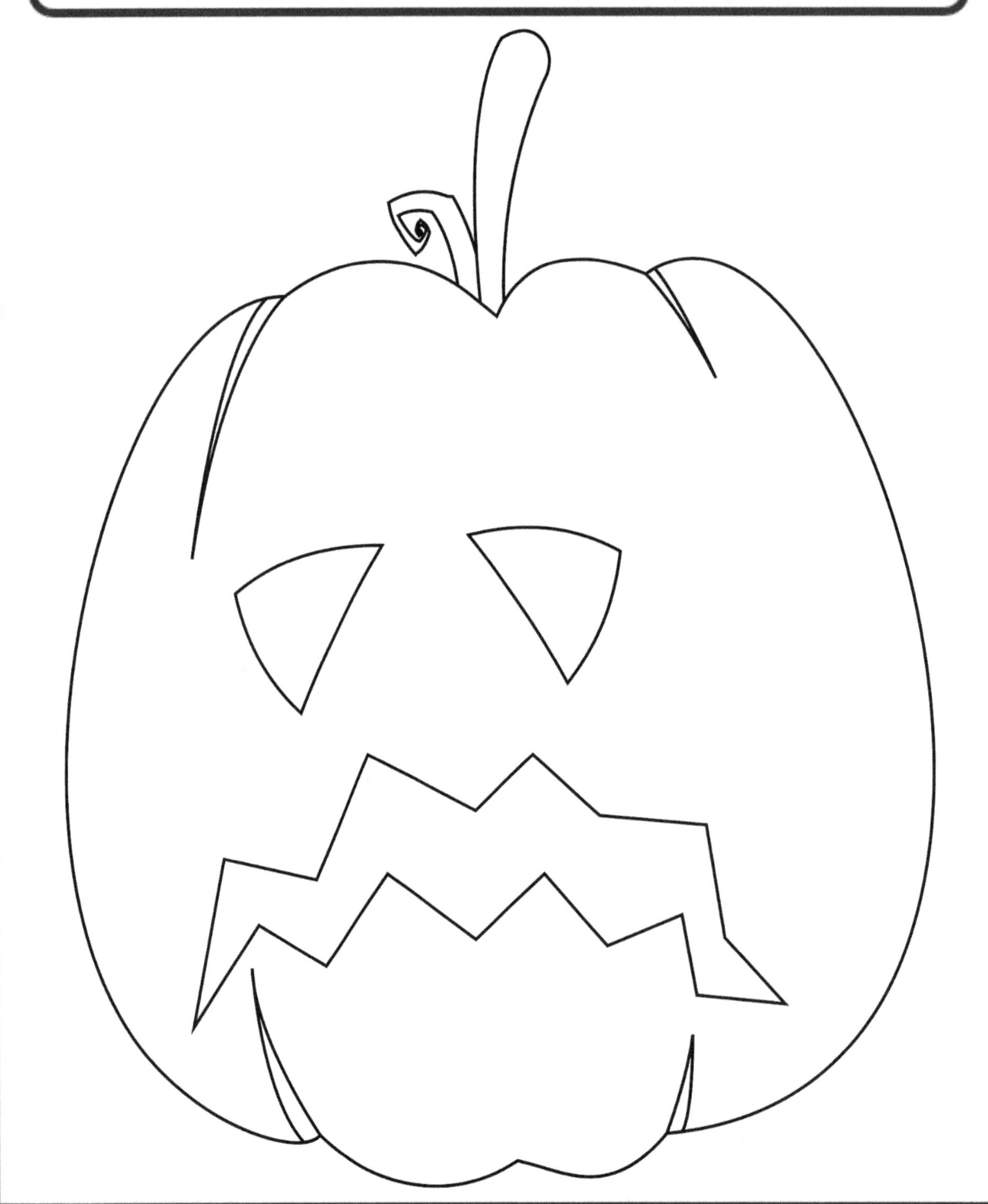

CITROUILLE LIVRE DE COLORIAGE

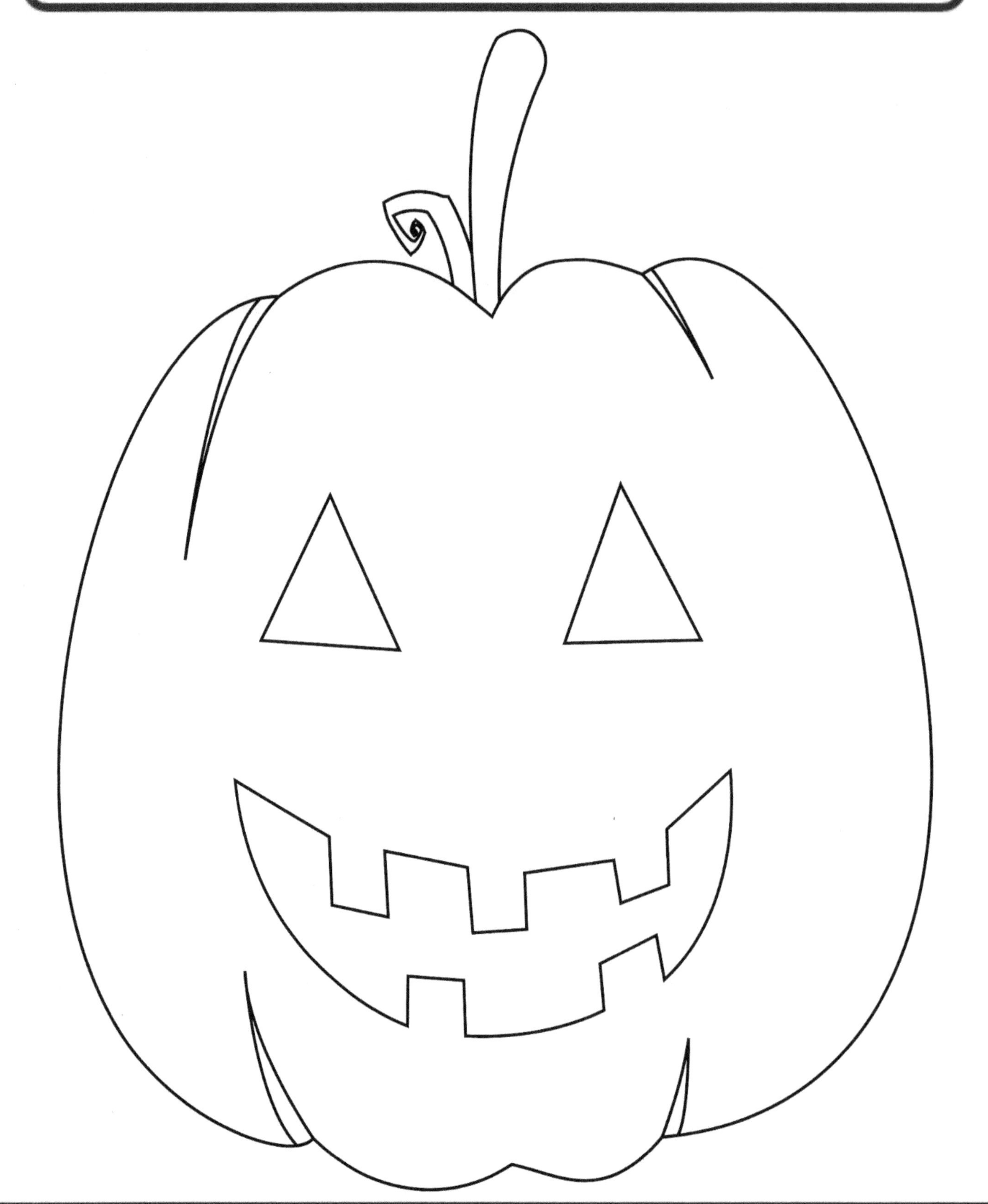

CITROUILLE LIVRE DE COLORIAGE

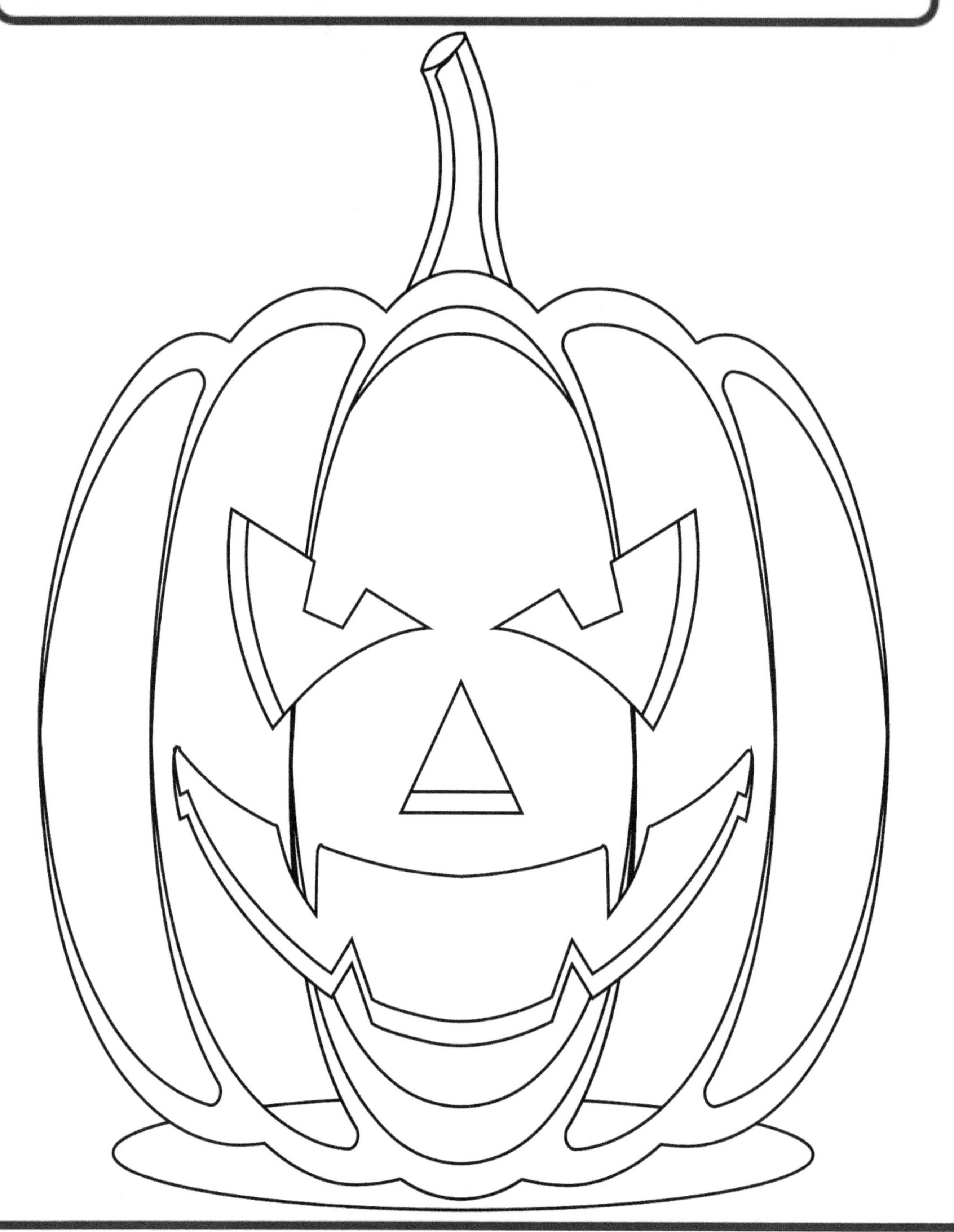

CITROUILLE LIVRE DE COLORIAGE

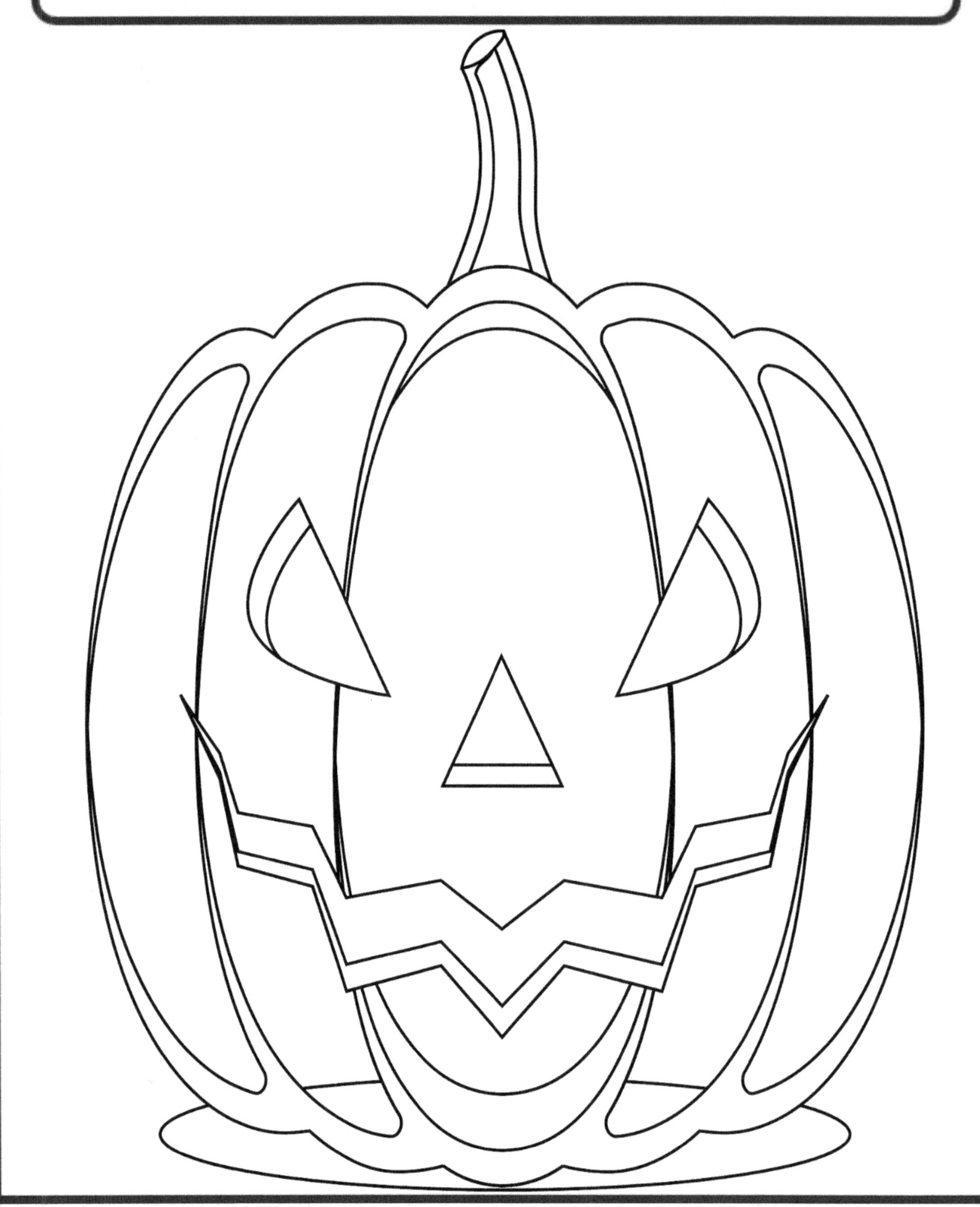

CITROUILLE LIVRE DE COLORIAGE

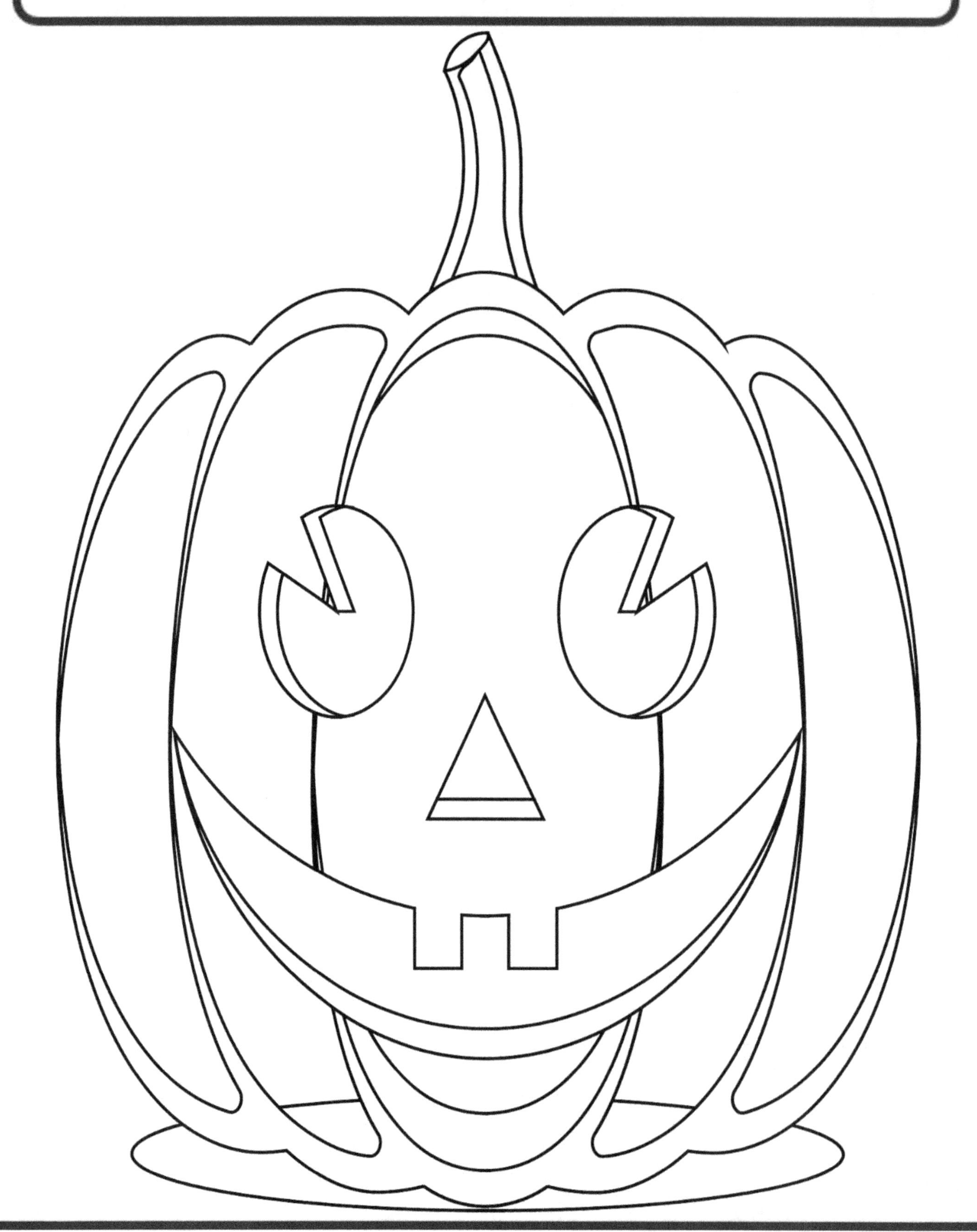

CITROUILLE LIVRE DE COLORIAGE

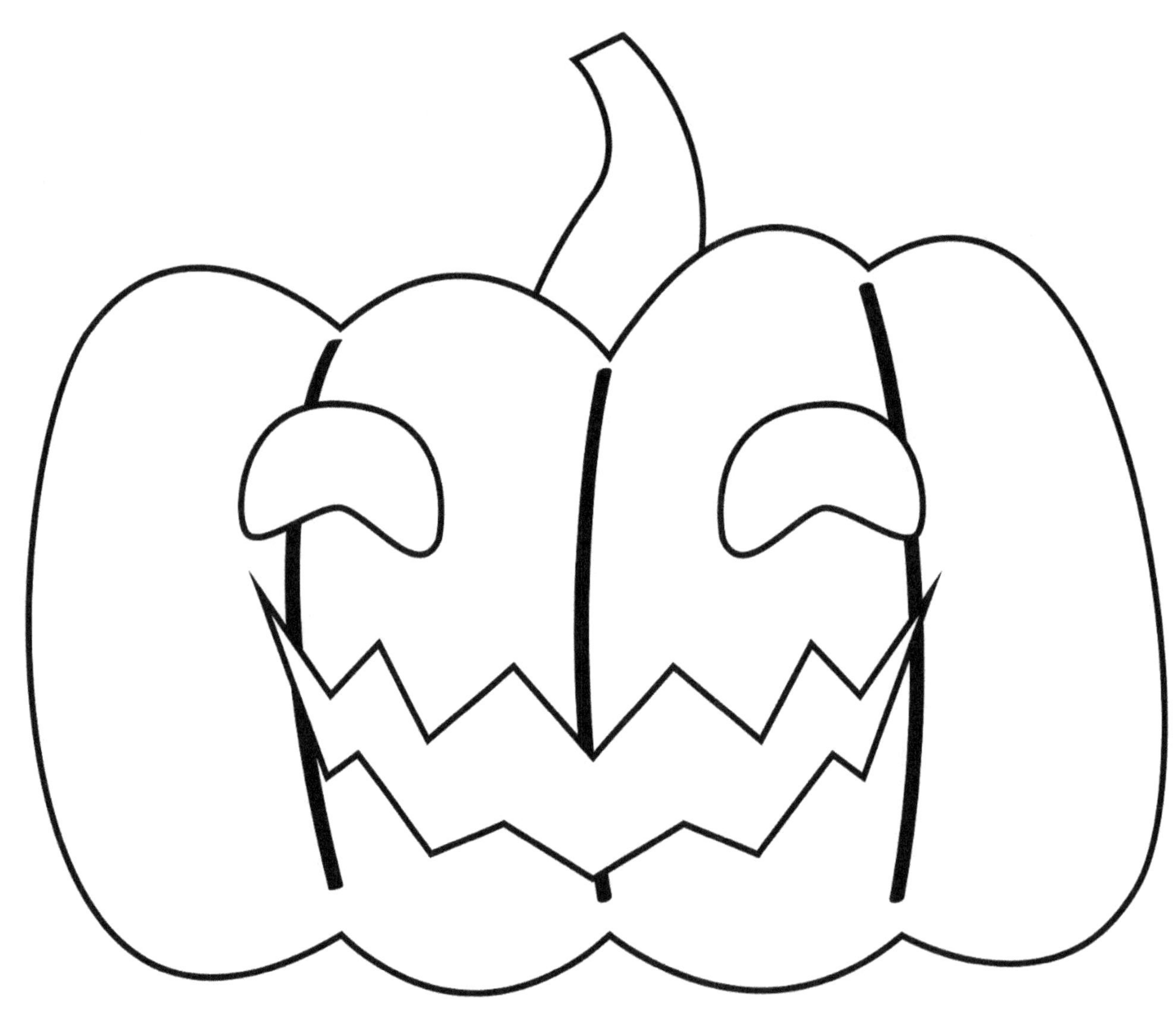

CITROUILLE LIVRE DE COLORIAGE

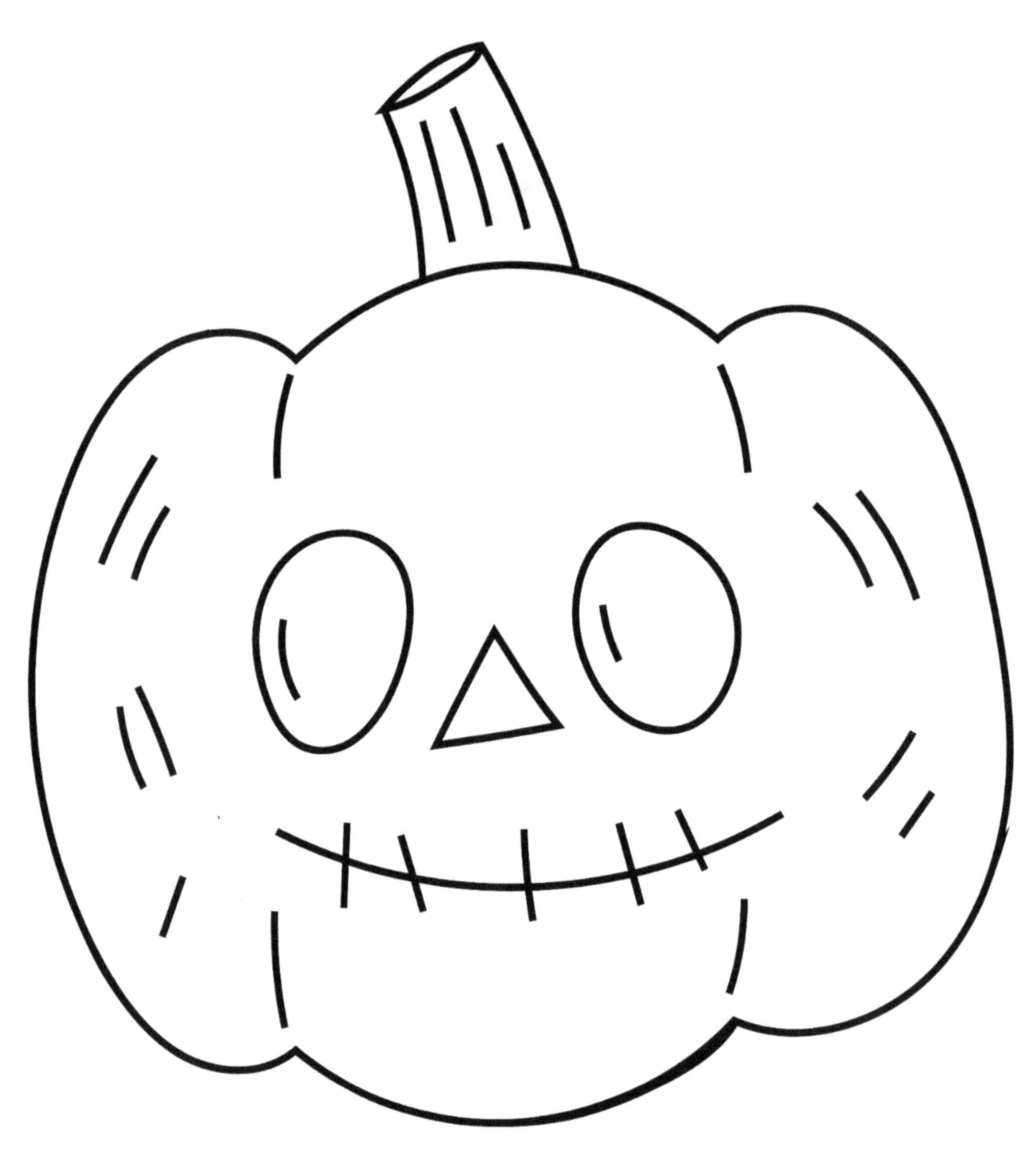

CITROUILLE LIVRE DE COLORIAGE

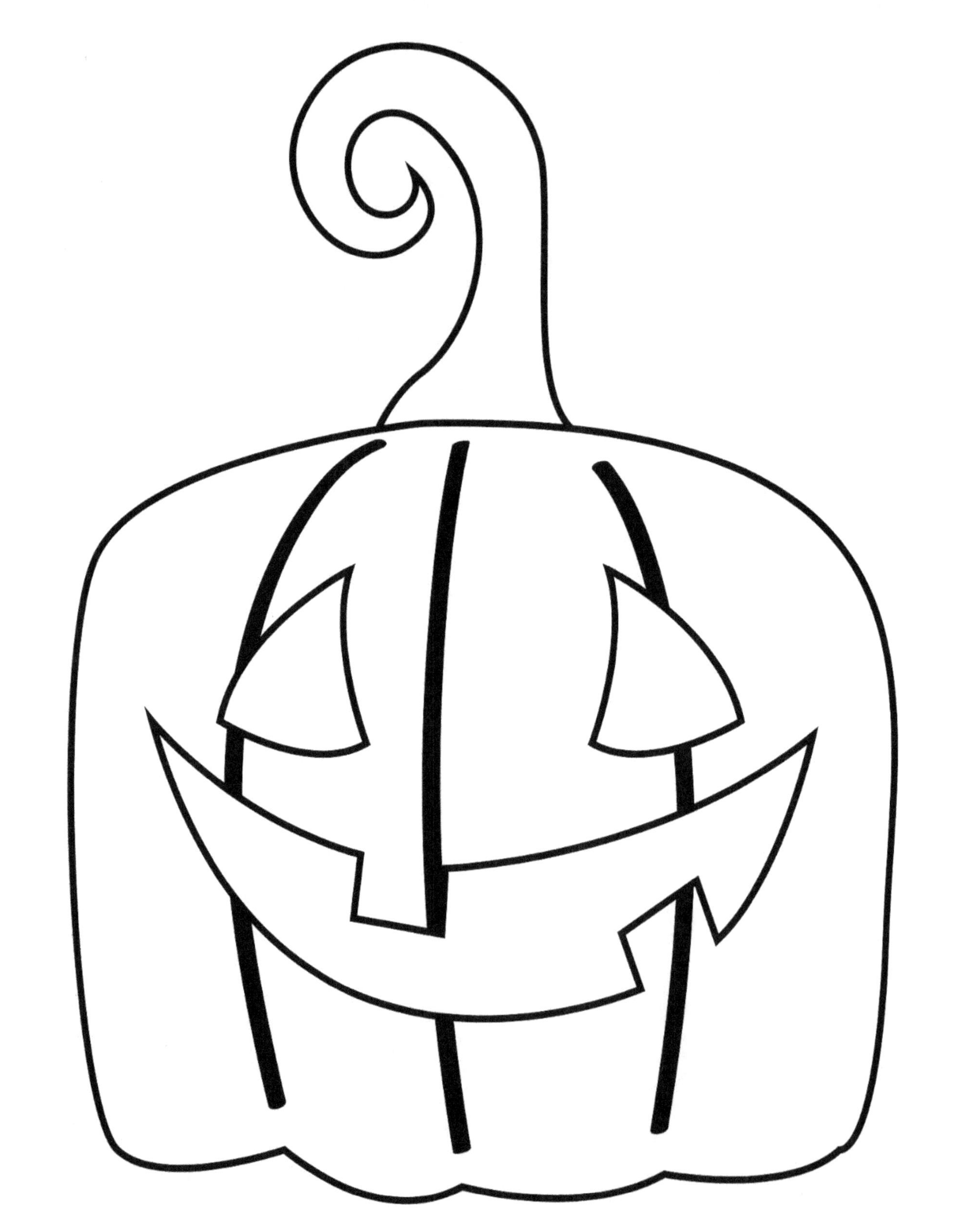

CITROUILLE LIVRE DE COLORIAGE

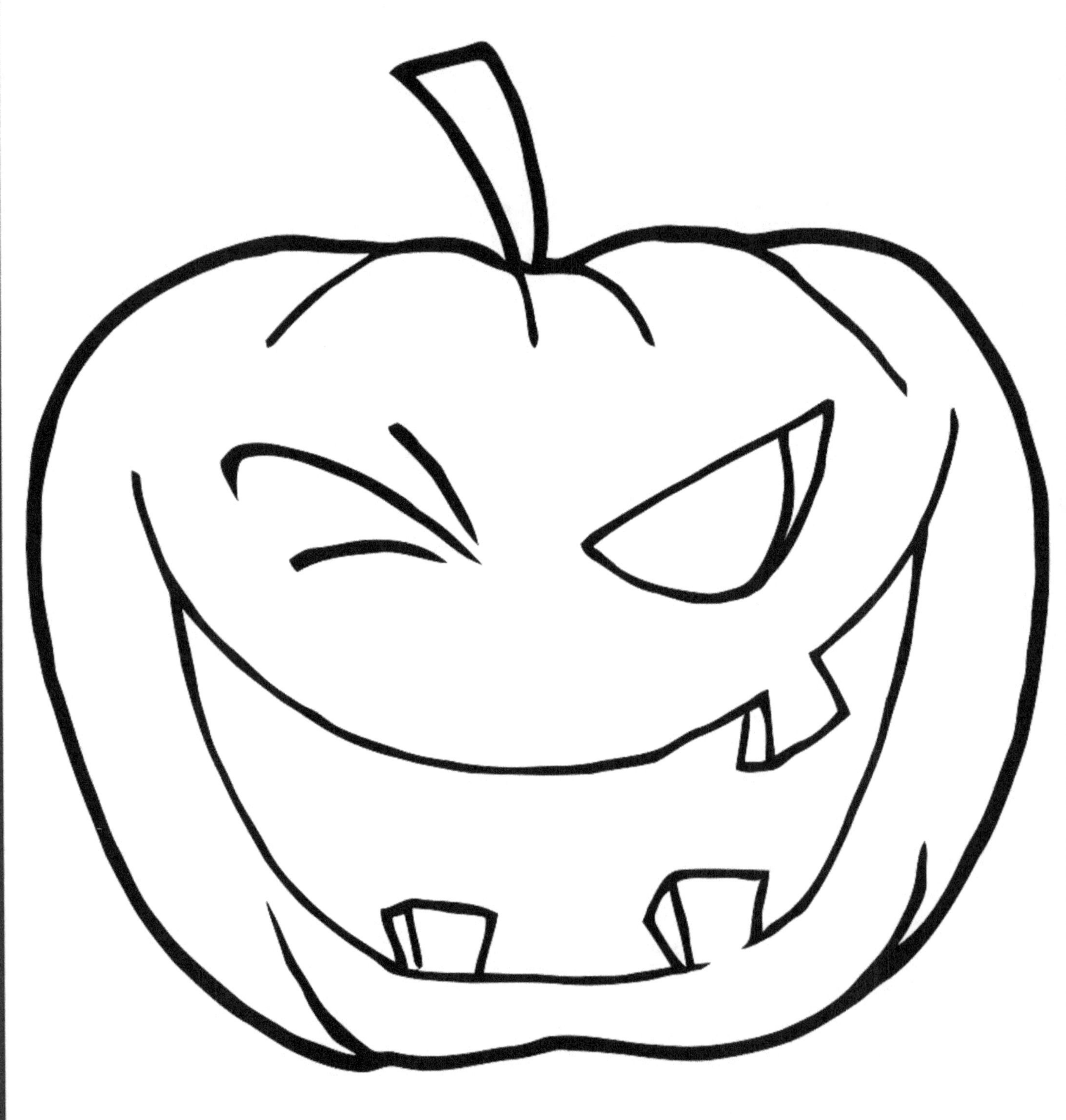

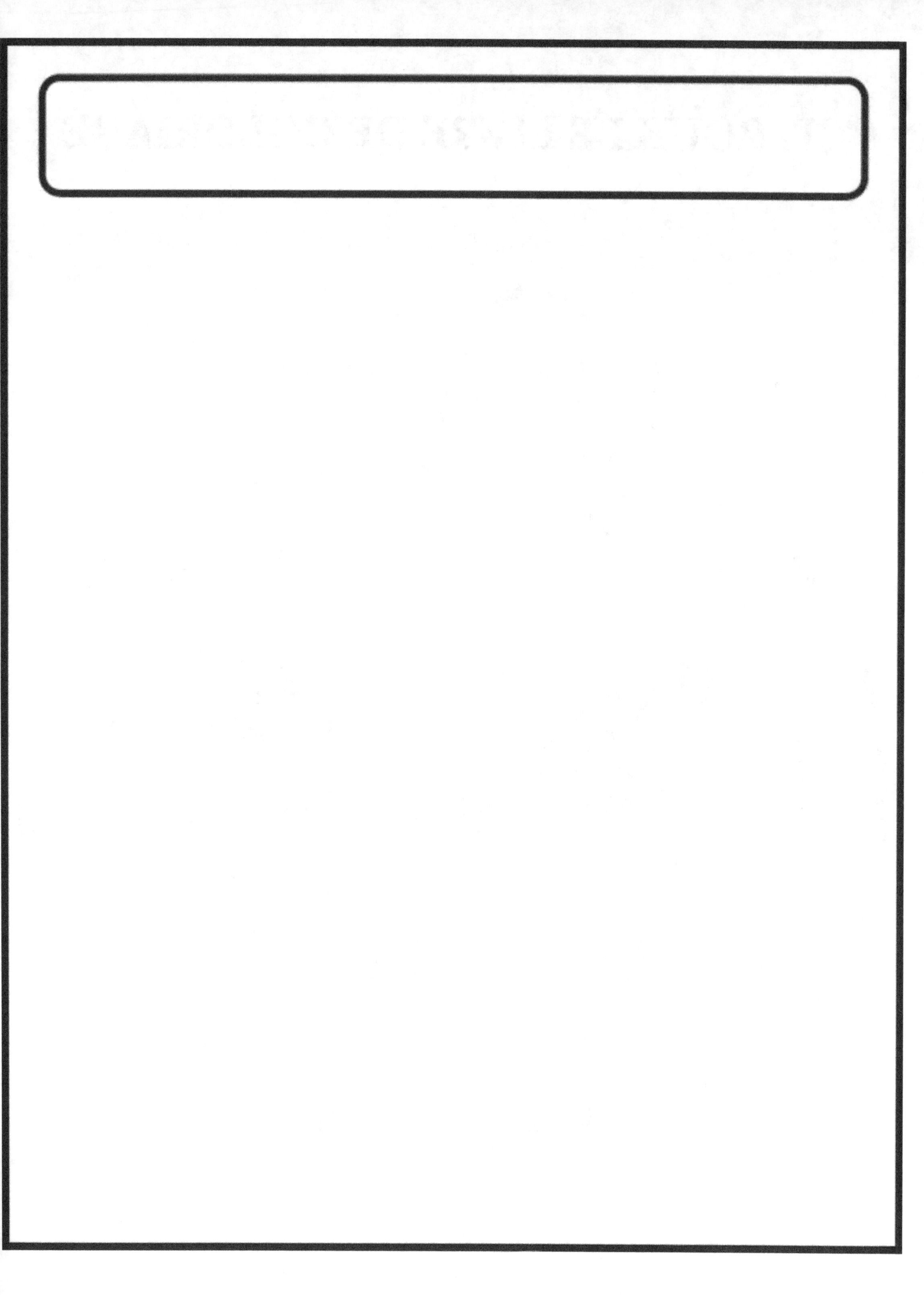

CITROUILLE LIVRE DE COLORIAGE

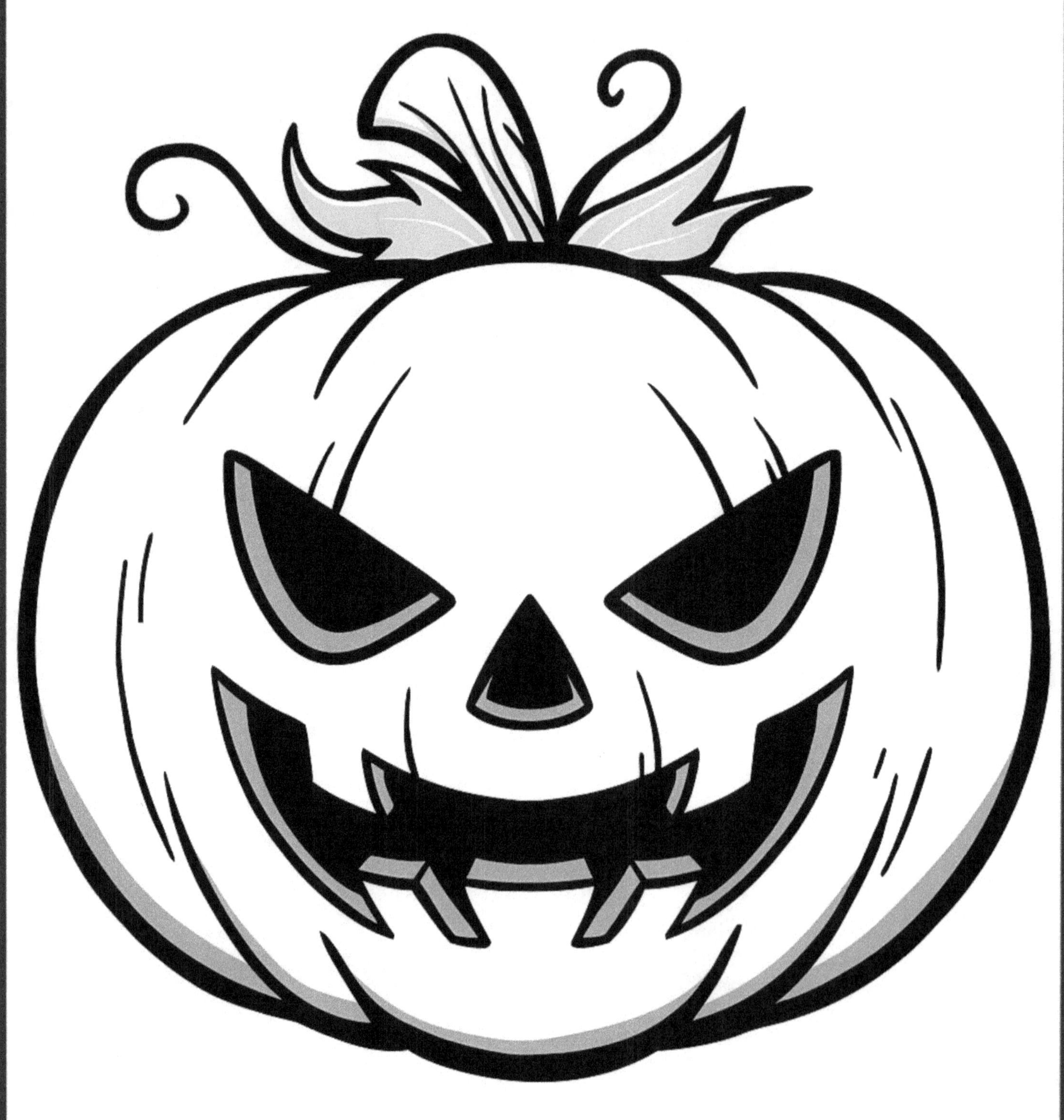

CITROUILLE LIVRE DE COLORIAGE

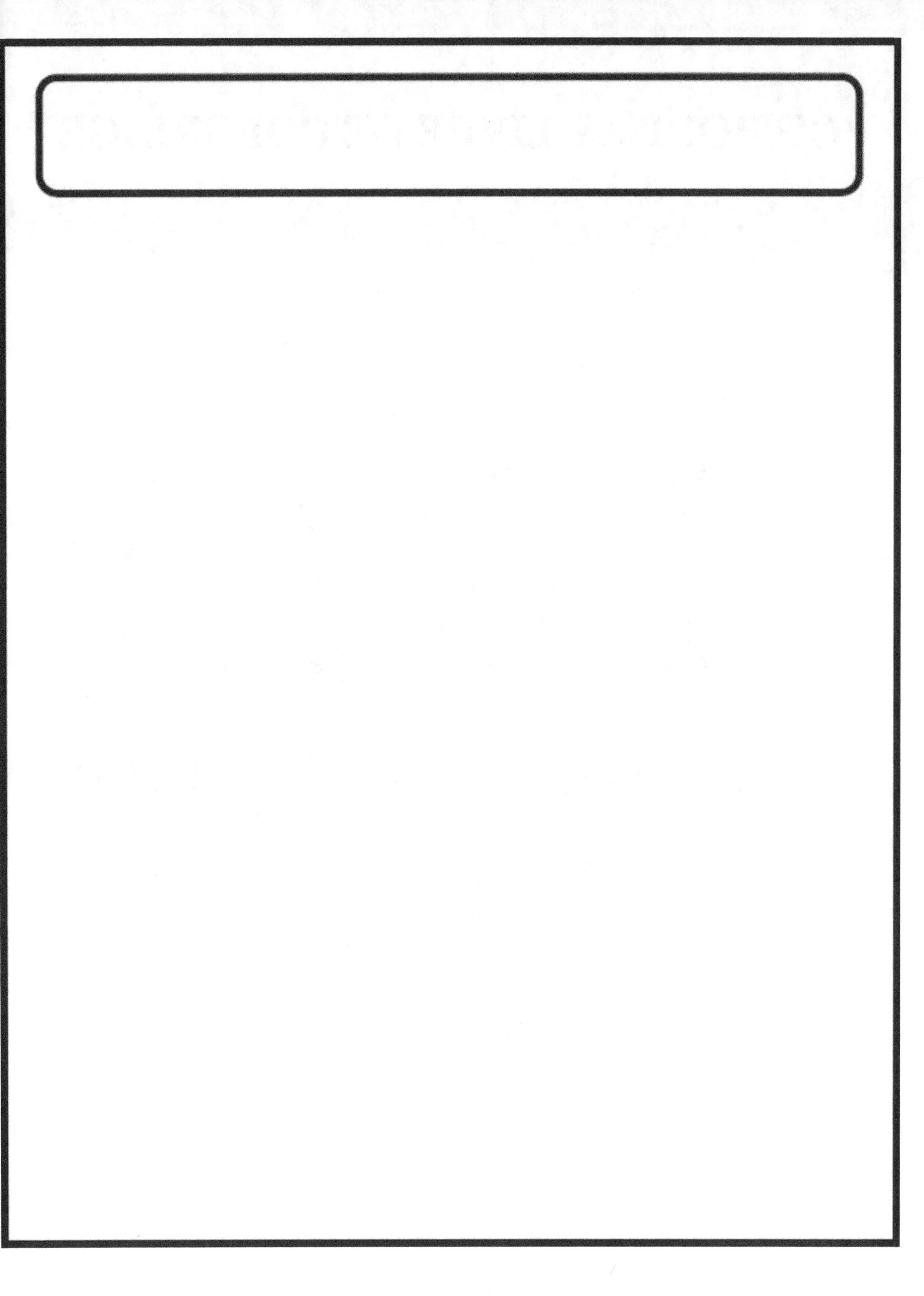

CITROUILLE LIVRE DE COLORIAGE

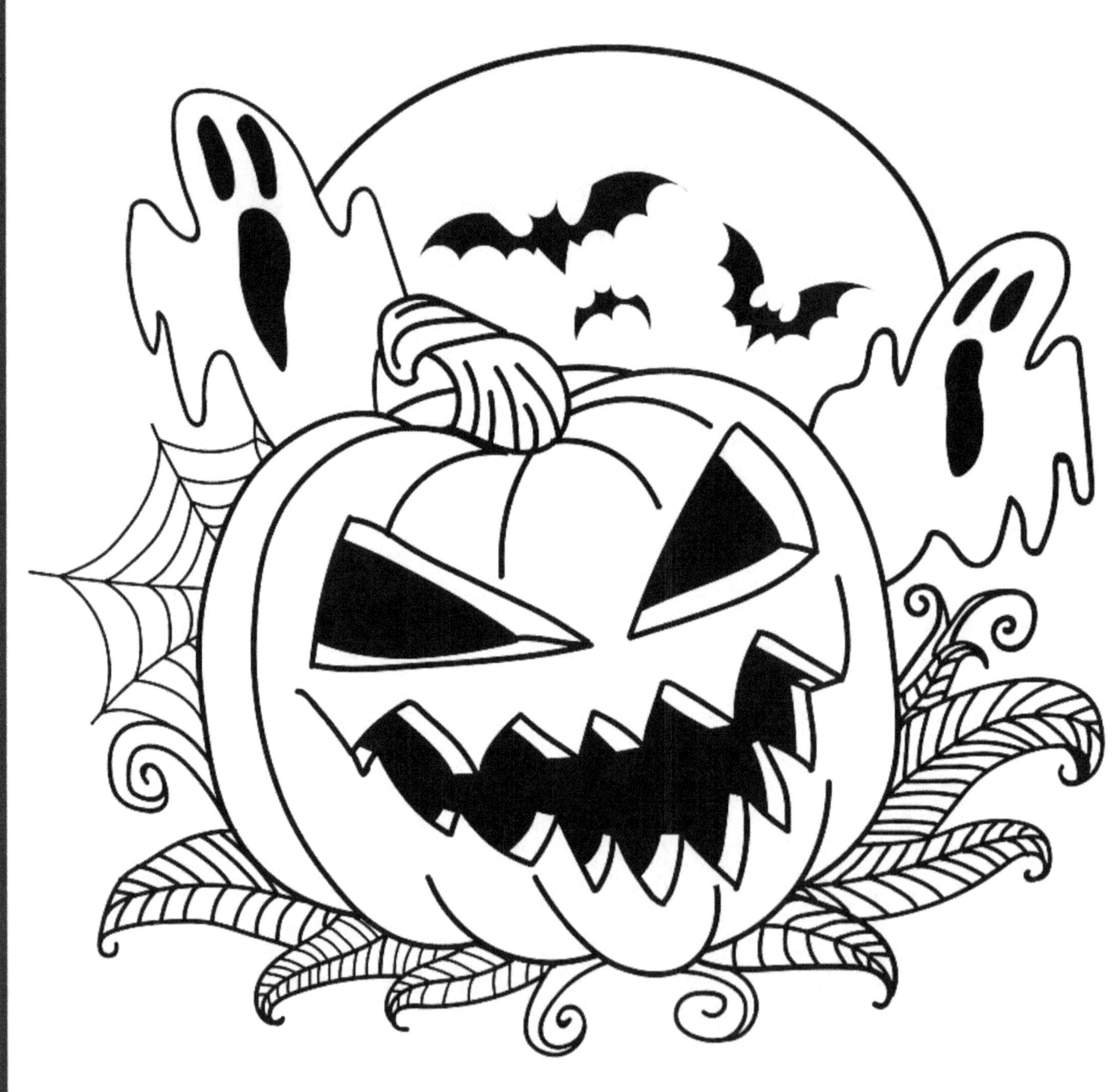

CITROUILLE LIVRE DE COLORIAGE

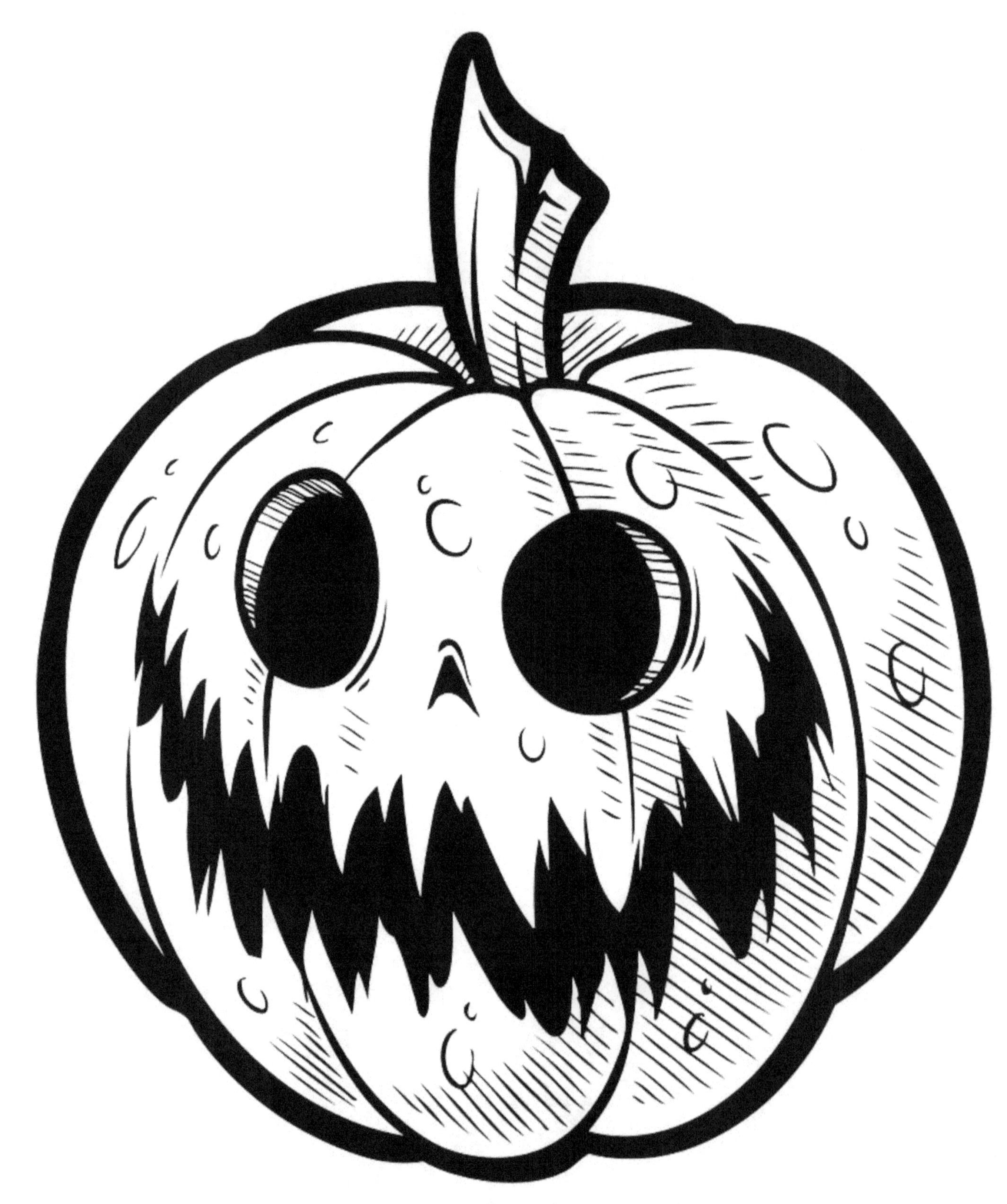

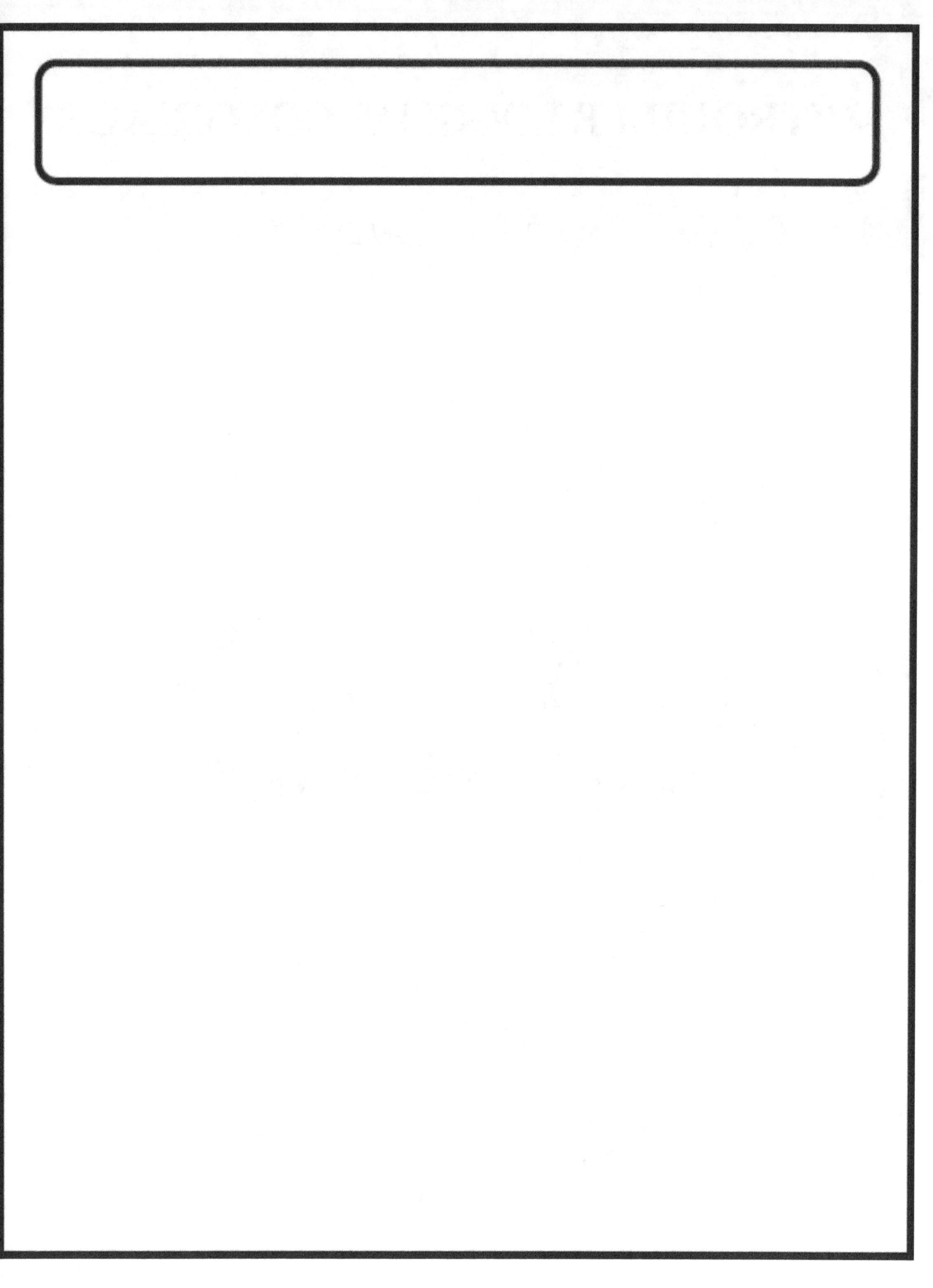

CITROUILLE LIVRE DE COLORIAGE

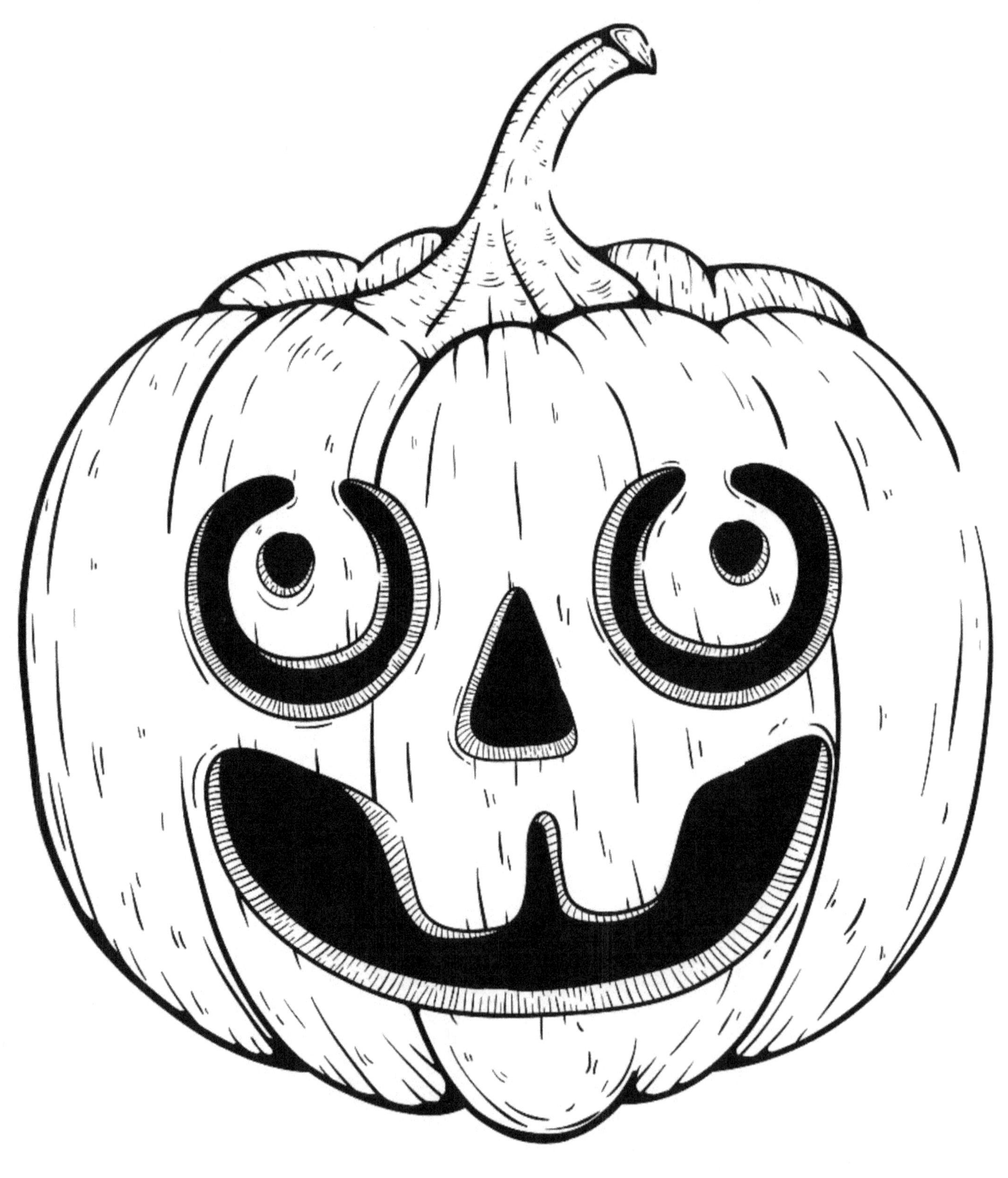

CITROUILLE LIVRE DE COLORIAGE

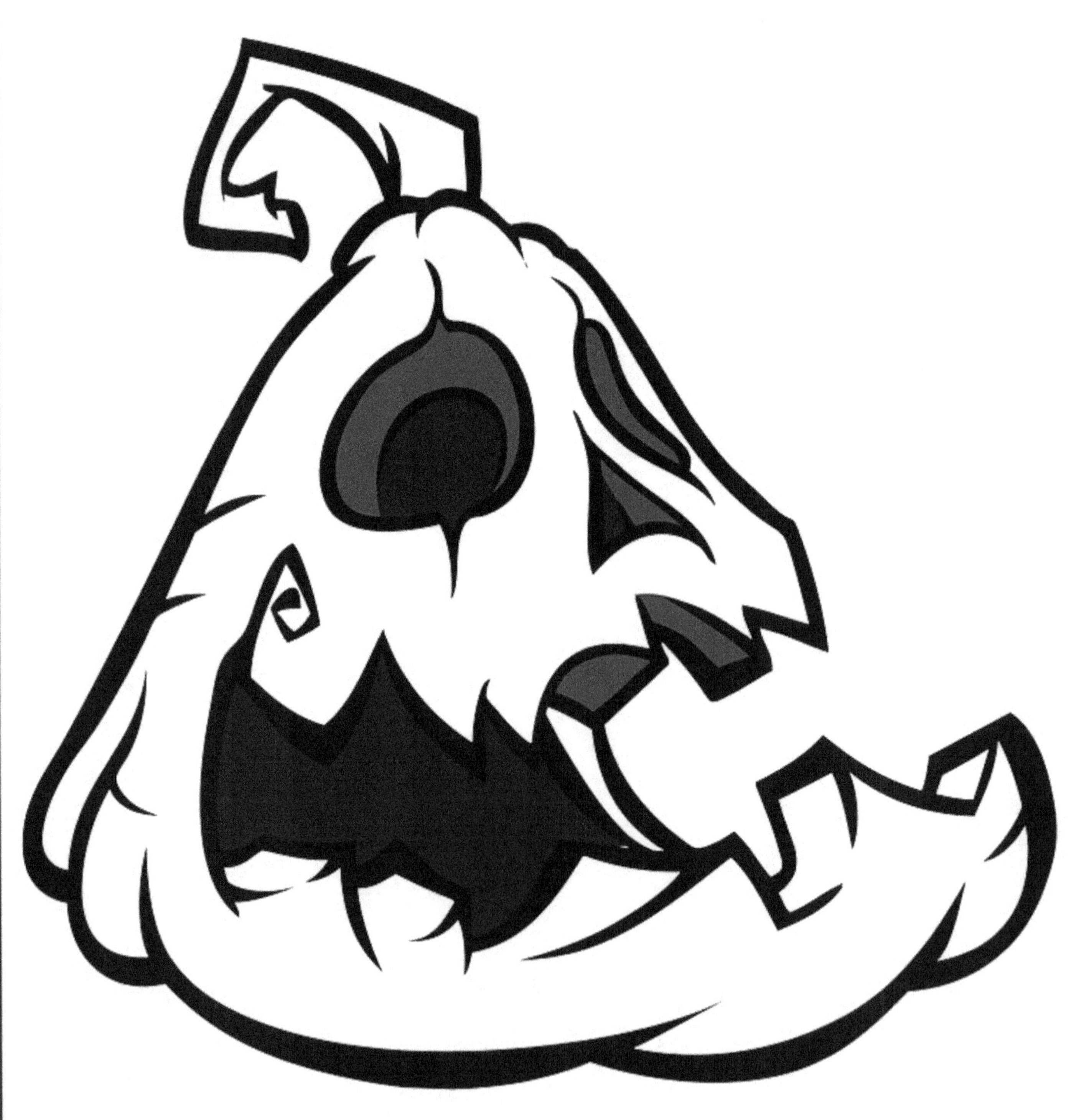

CITROUILLE LIVRE DE COLORIAGE

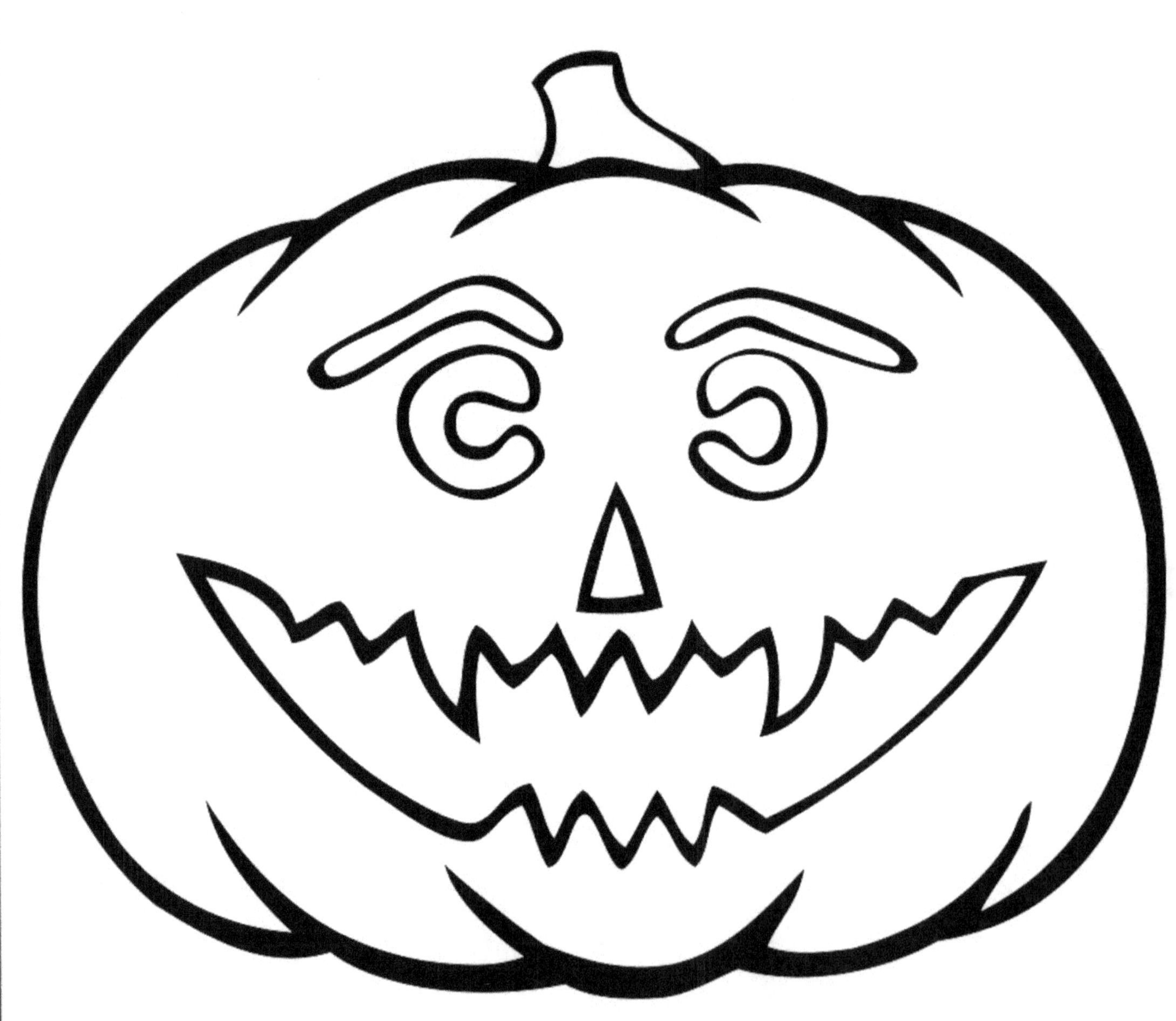

CITROUILLE LIVRE DE COLORIAGE

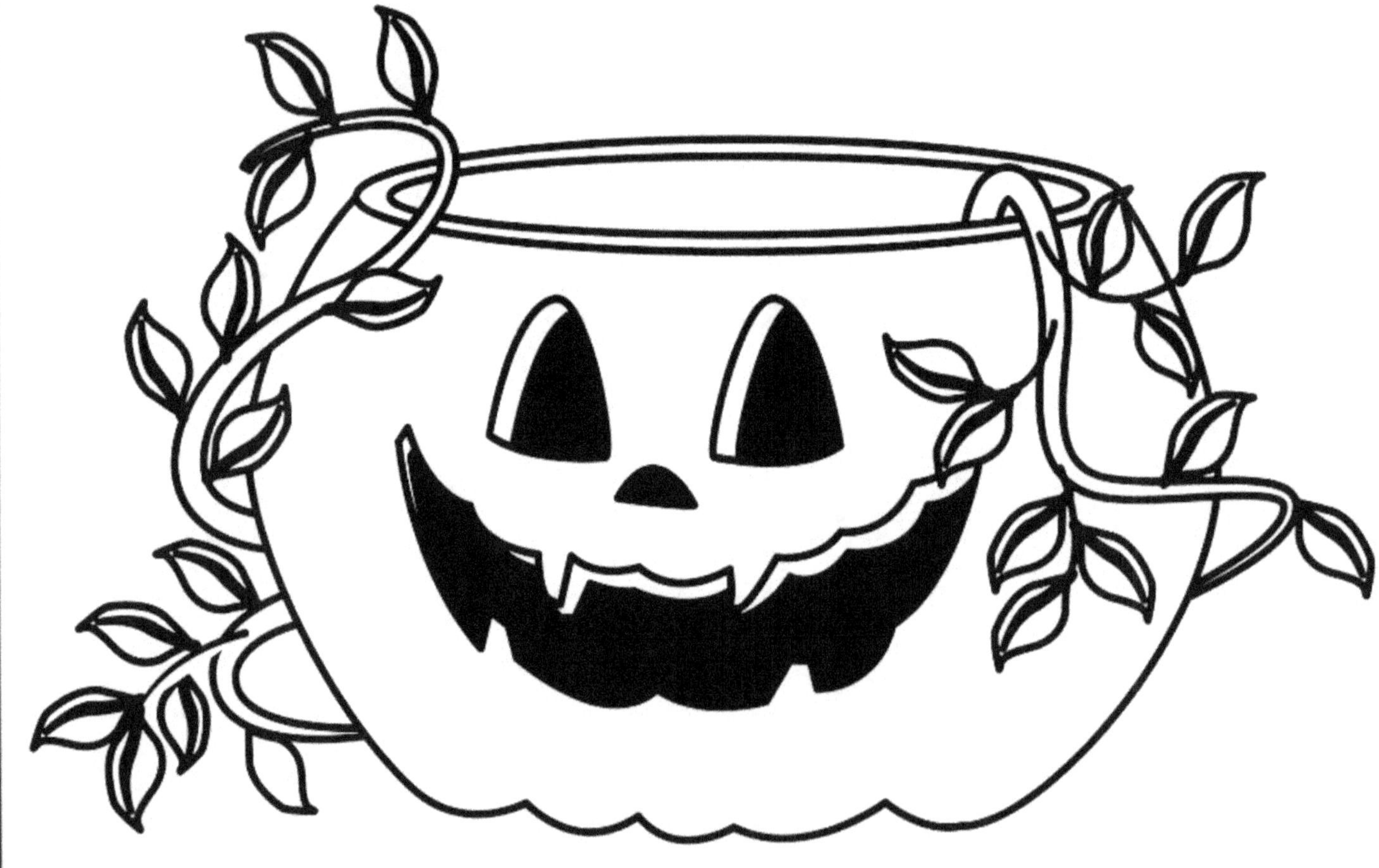

CITROUILLE LIVRE DE COLORIAGE

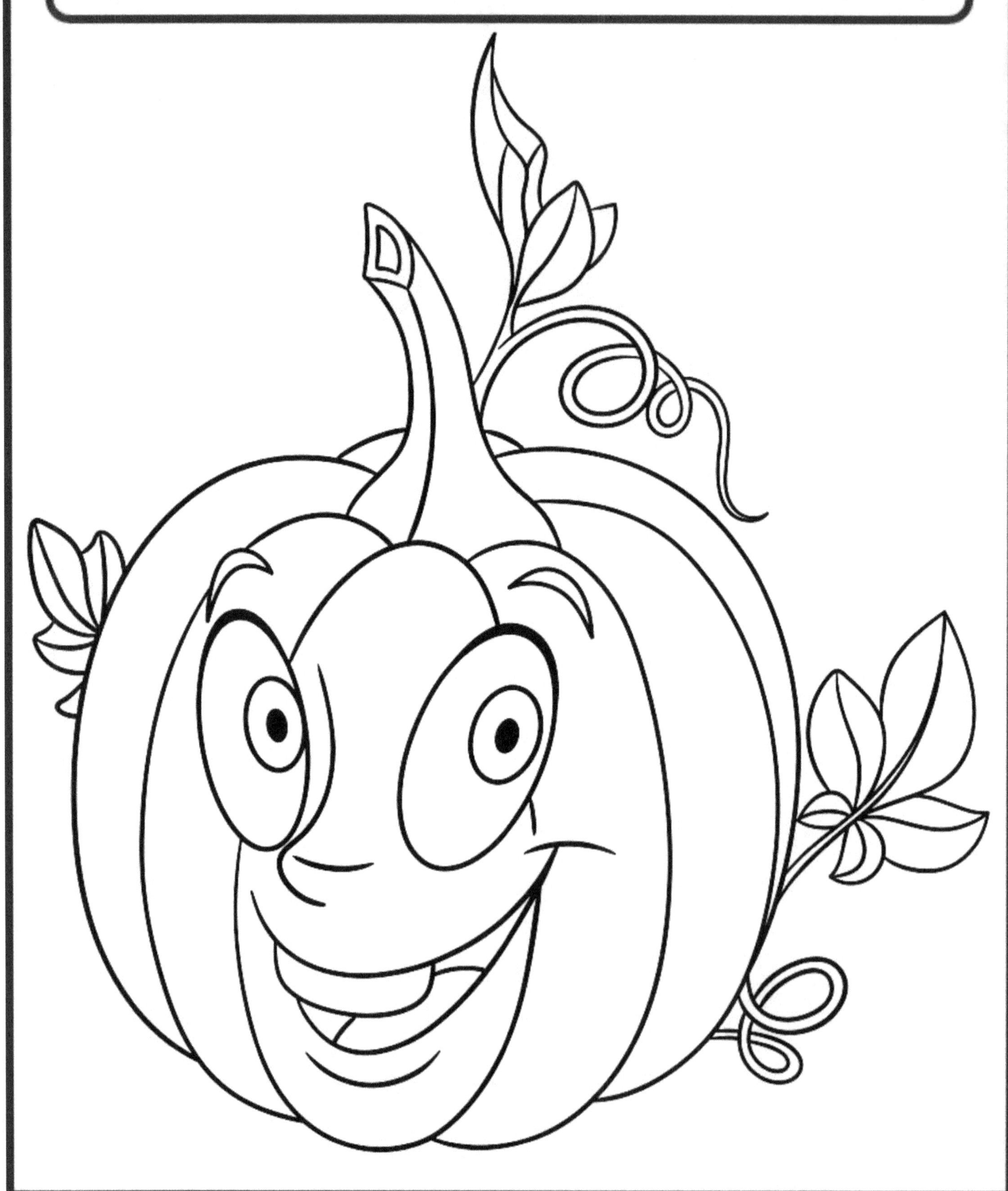

CITROUILLE LIVRE DE COLORIAGE

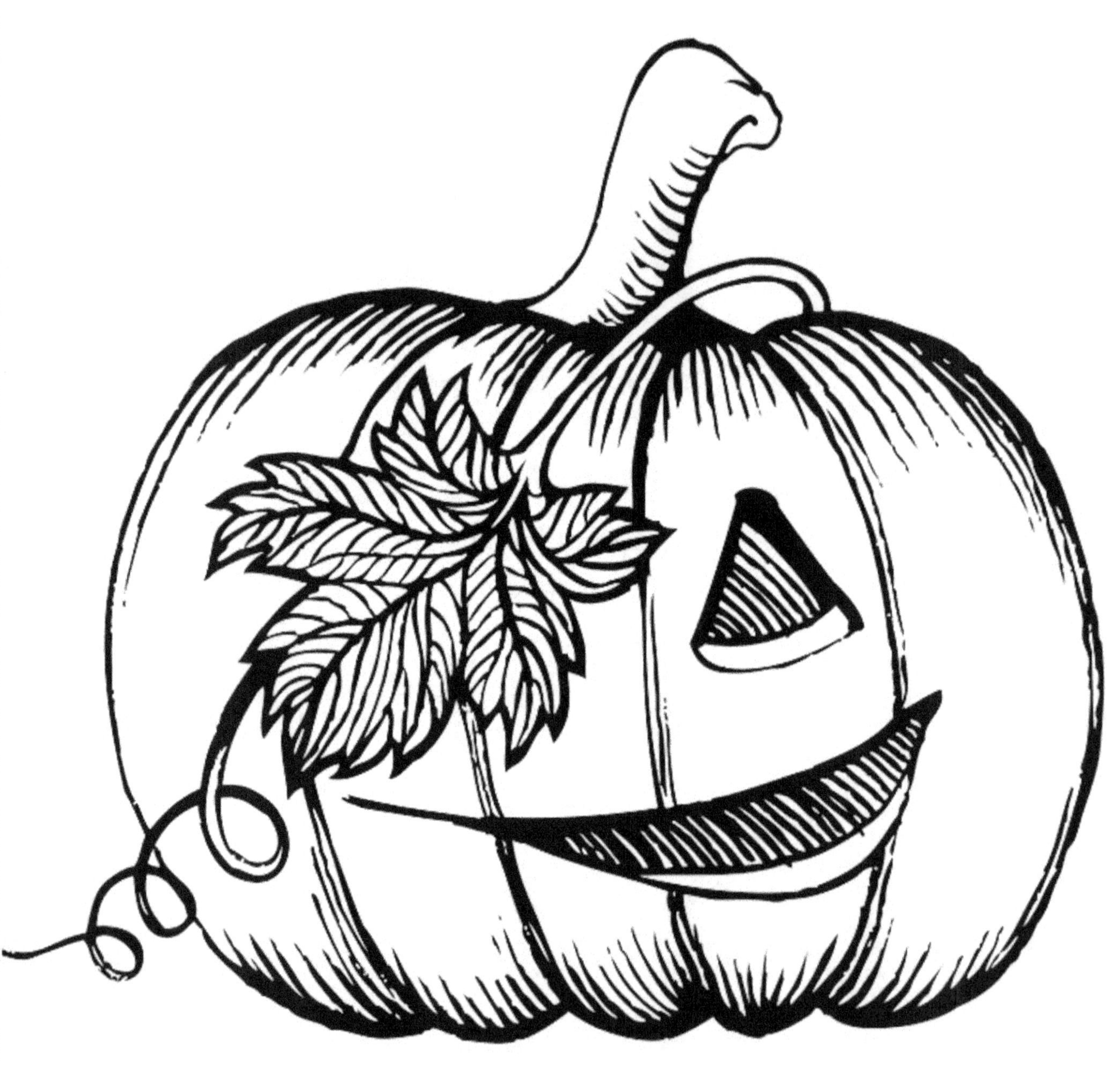

CITROUILLE LIVRE DE COLORIAGE

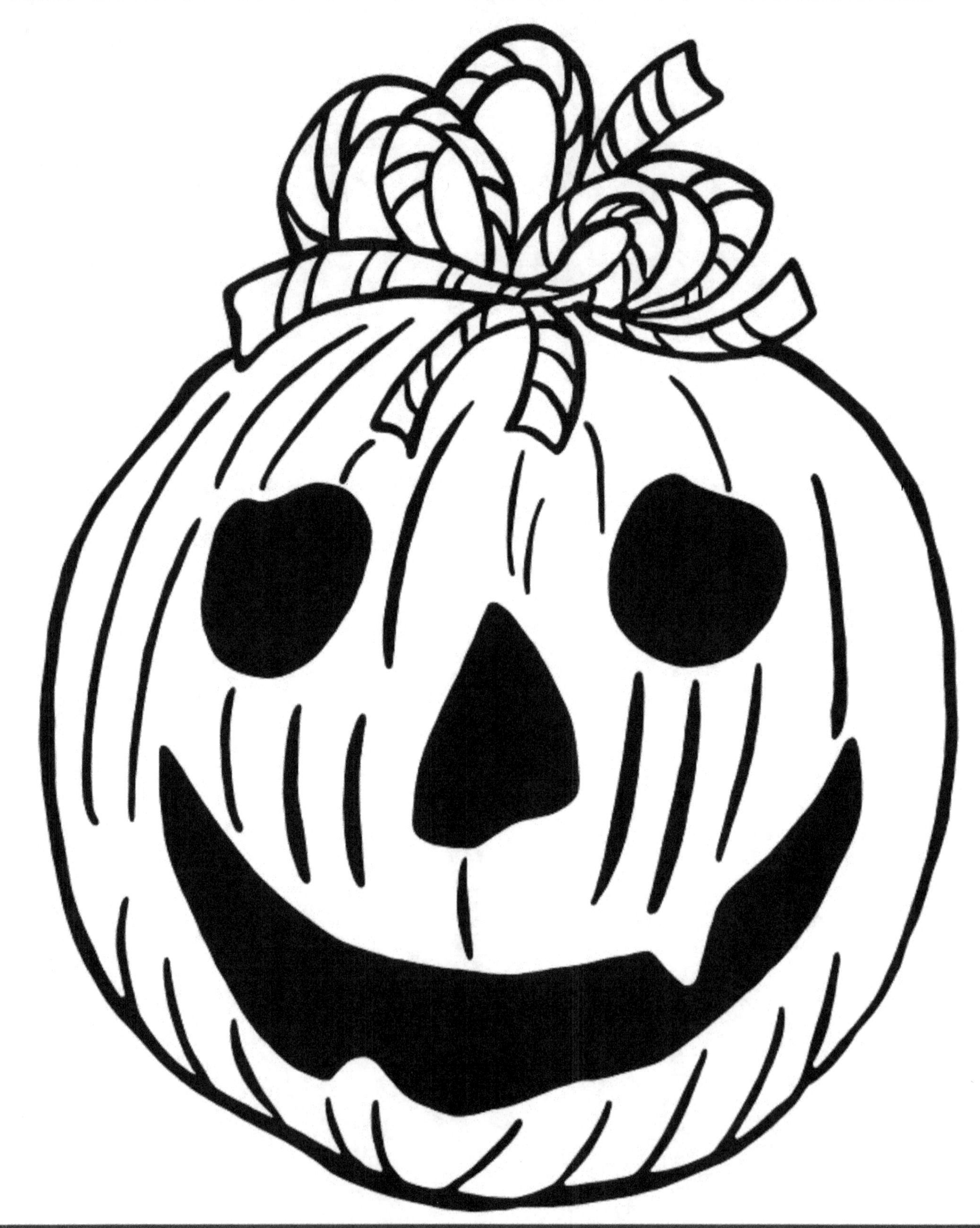

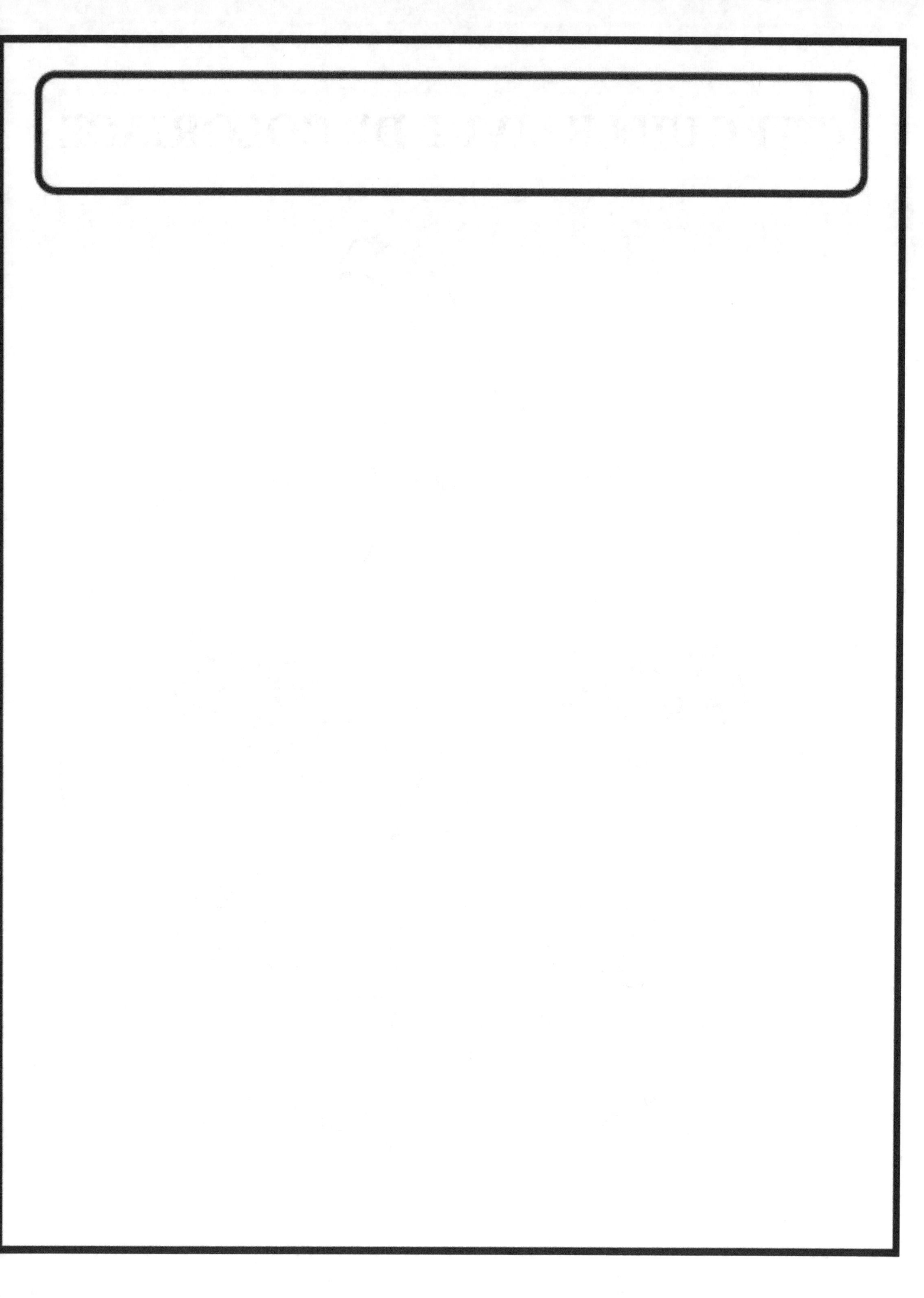

CITROUILLE LIVRE DE COLORIAGE

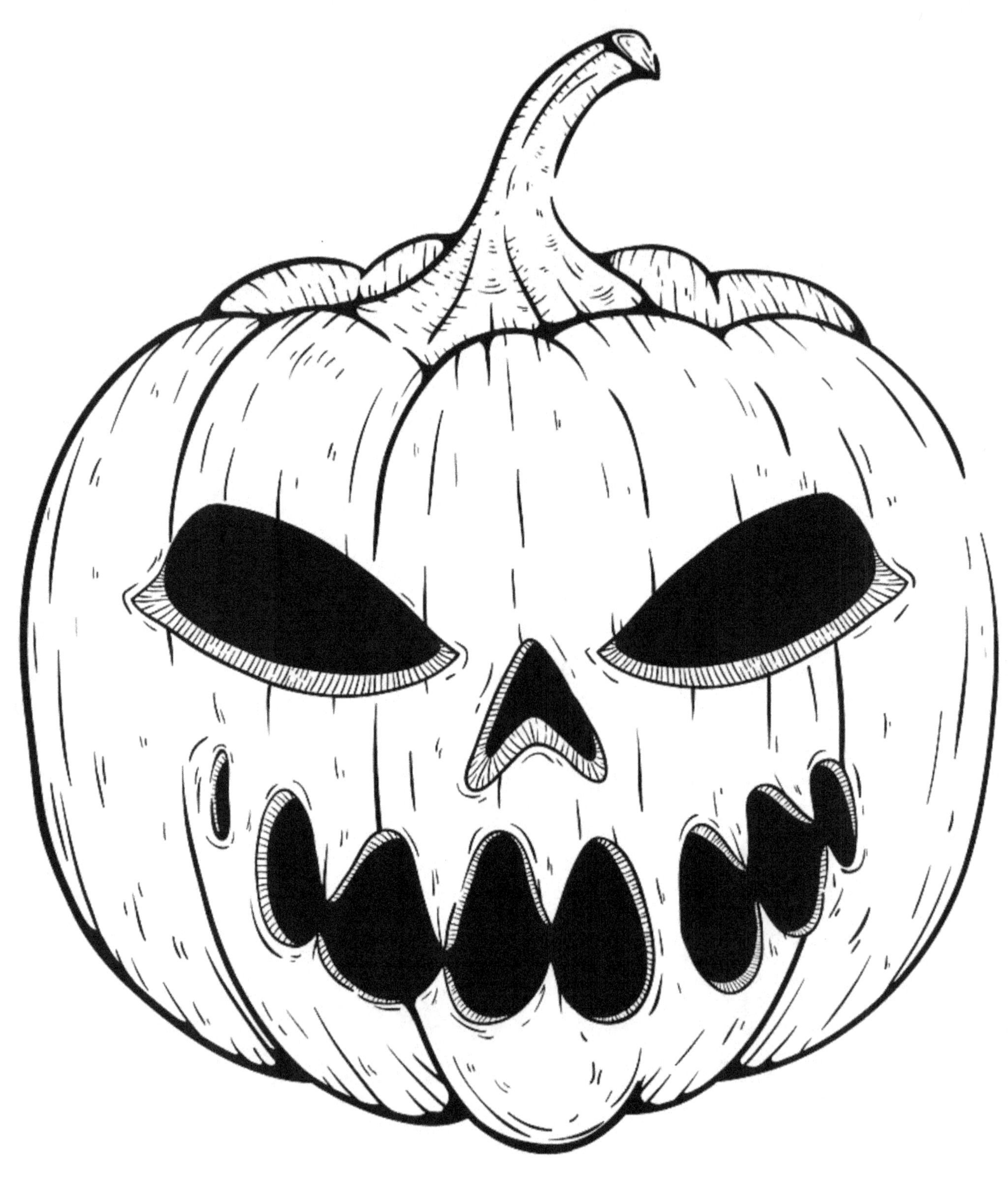

CITROUILLE LIVRE DE COLORIAGE

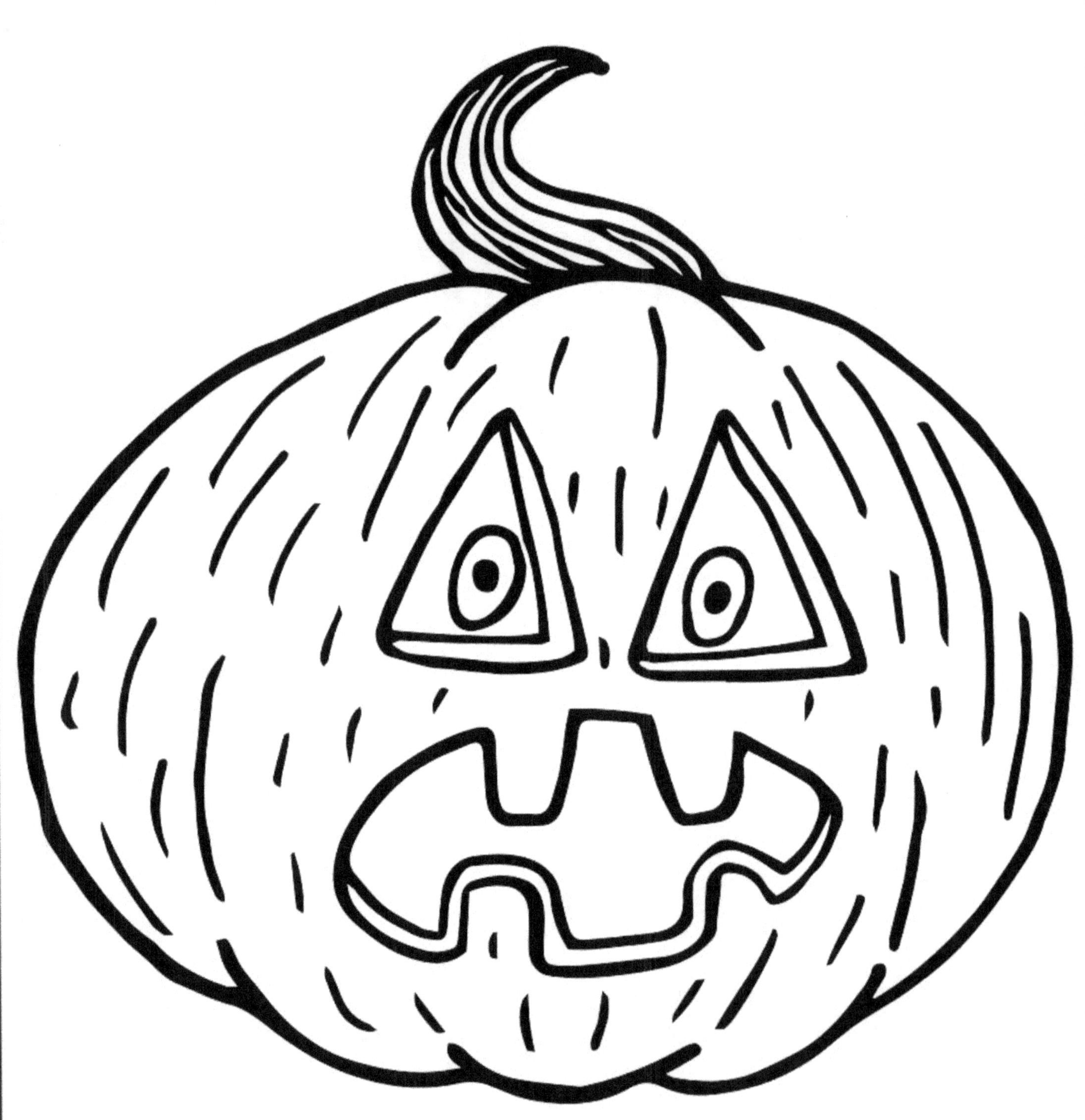

CITROUILLE LIVRE DE COLORIAGE

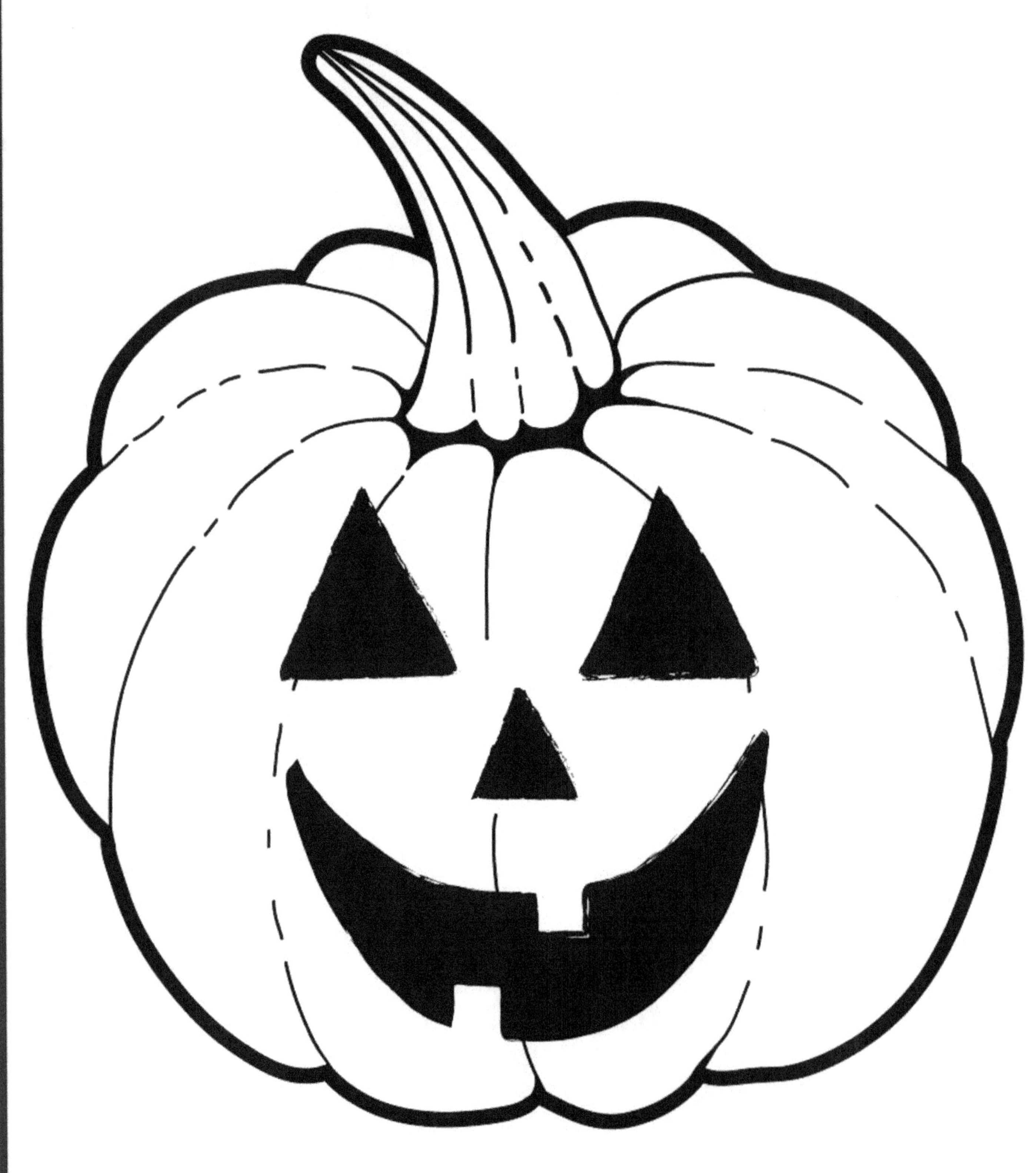

CITROUILLE LIVRE DE COLORIAGE

CITROUILLE LIVRE DE COLORIAGE

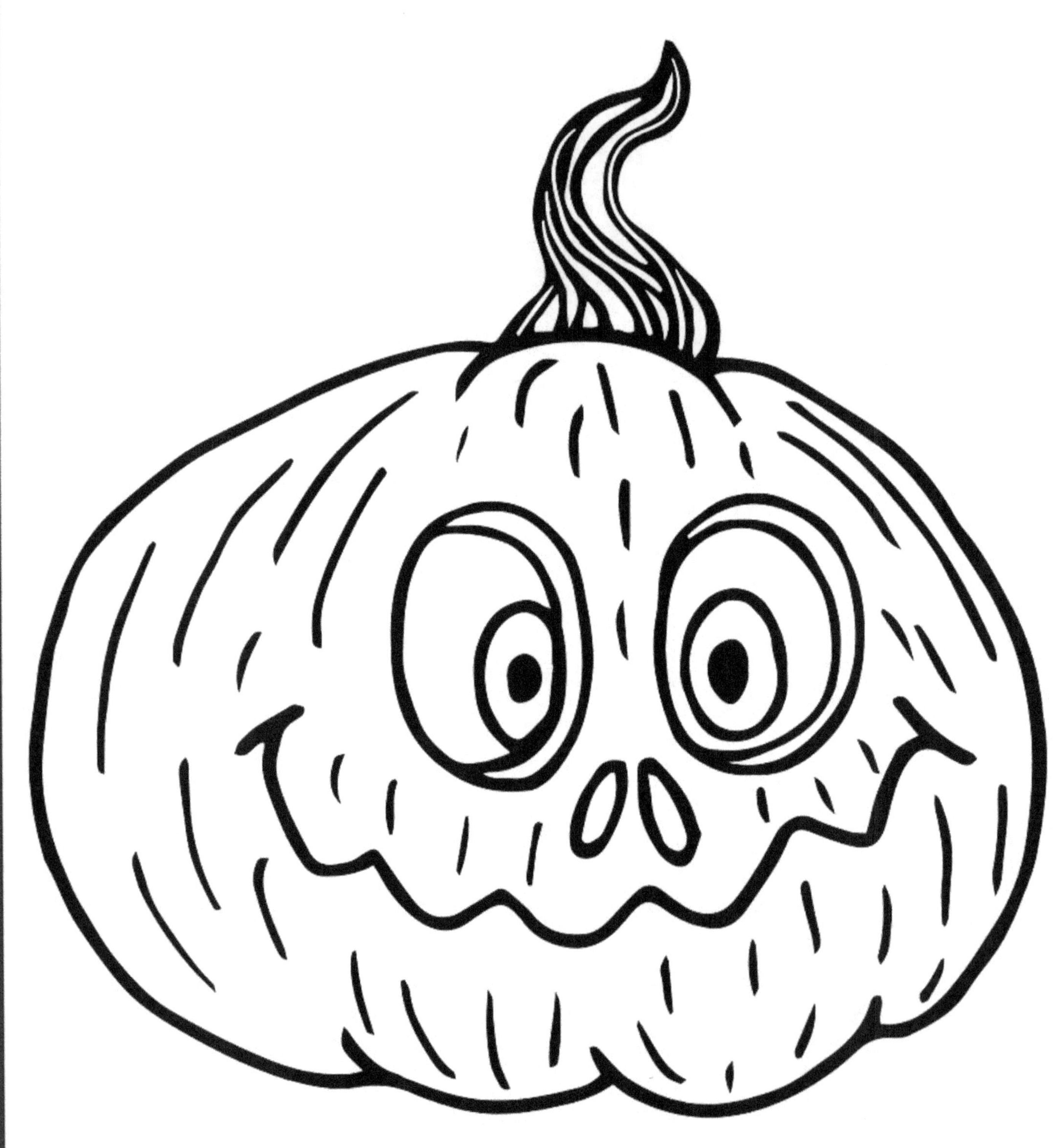